Atualização em Cardiologia 2009

Dados Internacionais de Catalogação na Publicação (CIP)
(Câmara Brasileira do Livro, SP, Brasil)

Atualização em cardiologia 2009. -- São Paulo :
   Ícone, 2009.

Vários autores.
Bibliografia.
ISBN 978-85-274-1067-0

1. Cardiologia.

09-10015   CDD-616.12

Índices para catálogo sistemático:

1. Cardiologia : Medicina   616.12

Atualização em Cardiologia 2009

Autor Principal

Eduardo Maffini Da Rosa

Médico Cardiologista. Professor do curso de Medicina da Universidade de Caxias do Sul (UCS). Doutor em Medicina (Cardiologia) pelo Instituto de Cardiologia do RS - Fundação Universitária de Cardiologia (IC-FUC). Coordenador do Instituto de Pesquisa Clínica para Estudos Multicêntricos (IPCEM) da UCS. Orientador da Liga Acadêmica de Estudos e Ações em Cardiologia (LAEAC).

Autores

Ana Paula Susin Osório
Acadêmica do 12º semestre do curso de Medicina da UCS.

Camila Viecceli
Acadêmica do 7º semestre do curso de Medicina da UCS.

Carolina Fedrizzi el Andari
Acadêmica do 6º semestre do curso de Medicina da UCS.

Henrique de Araújo Viana Träsel
Acadêmico do 8º semestre do curso de Medicina da UCS.

Luciano Scopel
Acadêmico do 12º semestre do curso de Medicina da UCS.

Marcio Fernando Spagnól
Acadêmico do 10° semestre do curso de Medicina da UCS.

Coautores

Acadêmicos do curso de Medicina da Universidade de Caxias do Sul
Membros da Liga Acadêmica de Estudos e Ações em Cardiologia

- Augusto Perazzolo Antoniazzi
- Bruna Kochhann Menezes
- Camila Casagrande Biasuz
- Cyntia Luneli
- Daniel Ongaratto Barazzetti
- Denise Hermann Nodari
- Dionatan Vargas Colombo
- Emile Guaragna
- Fabríola Olmi
- Franciele Bagnara
- Letícia Corso
- Lívia Gravina
- Luciano Scopel
- Priscila Haas
- Rafaela de Moura Sartori
- Suelen Sebben
- Tatiane Oliveira de Souza
- Viviane Gehlen
- William Cenci Tormen

Ícone editora

© Copyright 2009
Ícone Editora Ltda.
Publicado em Outubro de 2009

Conselho Editorial
Cláudio Gastão Junqueira de Castro
Fernando Abrão Adura
José Ramos Filho

Revisão
Edna de Freitas Lopes
Rosa Maria Cury Cardoso

Projeto Gráfico da Capa e Diagramação
Richard Veiga

Proibida a reprodução total ou parcial desta obra, de qualquer forma ou meio eletrônico, mecânico, inclusive através de processos xerográficos, sem permissão expressa do editor (Lei nº 9.610/98).

Todos os direitos revervados pela:
ÍCONE EDITORA LTDA.
Rua Anhanguera, 56 – Barra Funda
CEP 01135-000 – São Paulo – SP
Tel./Fax.: (11) 3392-7771
www.iconeeditora.com.br
e-mail: iconevendas@iconeeditora.com.br

Prefácio

Com o desenvolvimento da medicina baseada em evidências houve um salto de conhecimento na Medicina. Todo dia são publicados diversos artigos pelo mundo, tornando as informações que possuíamos, obsoletas. É praticamente impossível para o médico ler e acompanhar todas as informações novas e poder julgá-las de modo crítico.

Com o objetivo de ajudar, principalmente o clínico, além de acadêmicos de medicina e médicos residentes, a acompanhar de modo crítico as últimas evidências em Cardiologia, resolvemos criar o livro Atualização em Cardiologia 2009, que está em sua primeira edição, e deverá ser publicado anualmente com os principais artigos do ano em Cardiologia.

Para o desenvolvimento deste livro, separamos todos os ensaios clínicos publicados de 01 novembro de 2007 a 31 de outubro de 2008. As revistas avaliadas foram selecionadas de acordo com o *Journal Citations Report 2006*, nas áreas *Cardiac & Cardiovascular Systems e Medicine* e *General & Internal*, com fator de impacto maior que 5.000. Com isto, esperamos garantir que as melhores evidências em cardiologia publicadas em 2008 estejam aqui citadas.

Por fim, esperamos que esta aquisição seja proveitosa a todos, tanto na prática clínica diária como no meio acadêmico.

Marcio Fernando Spagnól

Sumário

Hipertensão Arterial Sistêmica 9
Fármacos em Cardiopatia Isquêmica 27
Fibrilação Atrial 59
Insuficiência Cardíaca Congestiva 69
Dislipidemia 103

HIPERTENSÃO ARTERIAL SISTÊMICA

MARCIO FERNANDO SPAGNÓL
Cyntia Luneli; Dionatan Vargas Colombo; Fabríola Olmi; Suelen Sebben

SUMÁRIO: 1. Populações especiais: 1.1. Idosos; 1.2. Mulheres; 1.3. *Diabetes mellitus* tipo 2; 1.4. Crianças - 2. Populações de alto risco: 2.1. Monoterapia de telmisartan ou ramipril *versus* associação de telmisartan e ramipril; 2.2. Candesartan ou amlodipina; 2.3. Atrasentan; 2.4. Labetalol em hipertensão maligna; 2.5. Doxazosina; 2.6. Aliskireno; 2.7. Eplerenone; 2.8. Estatinas - 3. Impacto da frequência cardíaca em hipertensos - 4. Derivados láticos na pressão arterial - 5. Aderência ao tratamento.

A elevação da pressão arterial (PA) é um fator de risco independente, linear e contínuo para doença cardiovascular.[1] À medida que a população envelhece, a incidência de hipertensão arterial sistêmica (HAS) também aumenta. Ao mesmo tempo, a doença continua inadequadamente tratada na maioria dos pacientes, constituindo-se um grande problema de saúde pública. A busca pelo controle da pressão arterial é a principal indicação para consultas médicas e para uso de medicamentos nos Estados Unidos.[2,3]

1. POPULAÇÕES ESPECIAIS

1.1. Idosos

A quantidade de pessoas com mais de 80 anos vem aumentando vertiginosamente devido à melhora da qualidade de vida e, também, dos tratamentos médicos. Estudos e *guidelines* recentes demonstraram resultados inconclusivos, em relação ao benefício do tratamento da HAS, em pacientes com 80 anos ou mais. Para tentar responder a esta questão surgiu o estudo HYVET (*Hypertension in the very elderly trial*).[4]

O estudo HYVET é um ensaio clínico randomizado, placebo-controlado, multicêntrico, envolvendo 3.845 pacientes acima dos 80 anos de idade, com pressão arterial sistólica acima de 160 mmHg. Foi receitado a todos os pacientes indapamida (1,5 mg) ou placebo. Perindopril (2 ou 4 mg) era adicionado aos hipertensos não-controlados do grupo indapamida, enquanto no grupo placebo a dose era aumentada. O seguimento teve duração média de 1,8 anos e a idade média foi de 83,6 anos. No grupo de tratamento ativo (n = 1.933) a média da pressão arterial na posição sentada foi de 15,0/6,1, menor que no grupo placebo (n = 1.912). O grupo de tratamento ativo teve uma redução de 30% na incidência de acidente vascular cerebral (AVC) fatal e não-fatal, 39% na redução de morte por AVC, 21% de morte por qualquer outra causa, 23% de morte por causas cardiovasculares e 64% de redução na taxa de falência cardíaca. Os autores concluíram que na sua população o tratamento anti-hipertensivo com indapamida, com ou sem perindopril, em pessoas acima dos 80 anos de idade, é benéfico e não aumenta a mortalidade dos mesmos.

1.2. Mulheres

Aos 60 anos a maioria das mulheres apresenta hipertensão estágio II ou usam anti-hipertensivos. O declínio no controle da pressão arterial com a idade, na mulher, se deve à intensidade inadequada do tratamento, à resistência ao tratamento por fatores biológicos próprios da mulher ou a fatores ainda desconhecidos.

O estudo LIFE (*Losartan intervention for endpoint reduction in hypertension*)[5] comparou o uso de losartan com atenolol para a redução de morbimortalidade cardiovascular em pacientes com HAS e hipertrofia ventricular esquerda. Os autores realizaram uma análise, *post hoc*, do estudo LIFE para avaliar os efeitos em mulheres.

A proposta do estudo LIFE foi verificar se a incidência de eventos cardiovasculares devido à hipertensão, em mulheres em uso de losartan, é menor em relação a mulheres em uso de atenolol. Esse estudo teve um total de 4.963 mulheres hipertensas (PA sistólica de 160 a 200, e diastólica de 95 a 115 mmHg) em tratamento com losartan 50 mg/dia (n = 2.487) e atenolol 50 mg/dia (n = 2.476). Os resultados do estudo foram que a pressão sistólica e diastólica no grupo do losartan diminuiu, respectivamente, 30,3 e 17,1 mmHg. No grupo do atenolol a redução da pressão sistólica foi de 29,4 mmHg e da diastólica 16,7 mmHg. Assim, o controle da pressão arterial foi de 35,9% no grupo losartan e 32,3% no grupo do atenolol. Quanto aos desfechos cardiovasculares como AVC, infarto do miocárdio e *diabetes mellitus*, o grupo que usava losartan teve uma incidência de 215 mulheres *versus* 261 do grupo do atenolol, gerando um risco relativo de 0,82 (95% IC 0,68 - 0,98) a favor do losartan. O único desfecho com maior incidência, no grupo losartan, foi a hospitalização por angina (risco relativo 1,7). Com estes resultados os autores concluíram que losartan é uma medicação que beneficia mulheres acima dos 60 anos, com hipertensão e hipertrofia ventricular esquerda, em todos os eventos cardiovasculares (AVC, infarto do miocárdio, morte), não havendo diferença em relação às hospitalizações por angina em relação ao atenolol.

1.3. *Diabetes mellitus* tipo 2

O estudo *Valsartan improves arterial stiffness in type 2 diabetes independently of blood pressure lowering*[6] tenta verificar o possível benefício dos bloqueadores dos receptores da angiotensina (BRA's) na rigidez arterial em relação aos bloqueadores dos canais de cálcio. Para isto foram selecionados pacientes com *diabetes mellitus* (DM) tipo 2, com idade entre 40 e 80 anos, histórico de albuminúria, e que tinham HAS.

Esse estudo é um ensaio clínico randomizado, duplo-cego, com duração de 24 semanas. Após quatro semanas de tratamento, se a HAS não fosse controlada era permitido adicionar 25 mg de hidroclorotiazida (HCTZ) para o grupo losartan. No caso do grupo da amlodipina a dose era duplicada. A dose inicial do valsartan era de 160 mg, e da amlodipina 5 mg. A rigidez arterial foi medida pela velocidade da onda de pulso aórtico.

A análise final foi feita com 66 pacientes no grupo valsartan/HCTZ, e 65 no da amlodipina. Ao final do estudo as médias das pressões foram equivalentes. A velocidade da onda de pulso aórtica mostrou-se mais reduzida no grupo valsartan/HCTZ: 1,8 (-2,4 a -1,3) que no grupo amlodipina 0,7 (-1,3 a -0,2) sendo essa diferença notada já nas primeiras 12 semanas do estudo, permanecendo até o final do mesmo (24 semanas). Com isso, os autores concluíram que o valsartan é uma medicação que pode trazer benefícios quanto à rigidez arterial, em pacientes com *diabetes* tipo 2 e HAS, em relação à amlodipina, além dos seus efeitos renoprotetores que postergariam a albuminúria, beneficiando essa classe de pacientes.

1.4. Crianças

Dados sobre a eficácia e segurança de anti-hipertensivos em crianças, vêm aumentando significativamente nos últimos anos devido a incentivos do FDA. No entanto, ainda são poucos os estudos com pacientes menores de seis anos. O estudo *Efficacy and safety of the angiotensin receptor blocker valsartan in children with hypertension aged 1 to 5 years*[7] vem trazer novas informações sobre a hipertensão nesta faixa de idade.

Este estudo avaliou 90 crianças com idade média de 3,2 anos, sendo 60% do sexo masculino e 30% da raça negra, todas com pressão arterial sistólica acima do percentil 95. Os pacientes foram divididos em grupos de baixa (20 mg), média (40 mg) e alta (80 mg) dose de valsartan, por duas semanas (fase 1), e depois foram randomizados para o grupo placebo ou para continuar com a mesma dose de valsartan por mais duas semanas (fase 2). Depois disso, os indivíduos foram encaminhados para tratamento por 52 semanas, para manter seus níveis pressóricos abaixo do percentil 95, essa fase não foi cegada, o que poderia influenciar parcialmente nos resultados.

Como resultados, houve uma redução significativa na pressão sistólica (8,5 mmHg) e diastólica (5,7 mmHg) em todas as doses de valsartan de fase 1. Na fase 2 a redução também foi significativa e na fase 3, oito pacientes não atingiram a meta, sendo medicados com HCTZ, para que os níveis pressóricos desejados fossem alcançados (77,3% dos pacientes fase 3).

Efeitos adversos ocorreram em 32,2% dos pacientes na fase 1; 44,8% nos da fase 2 e 79,5% nos da fase 3, sendo infecção o efeito adverso mais prevalente. O desenvolvimento físico e cognitivo dos pacientes não sofreram alterações durante o tratamento, e o único efeito adverso, relacionado com o uso da medicação, foi hipercalemia.

Este estudo demonstrou que o tratamento com valsartan não apresentou efeitos negativos no crescimento e desenvolvimento de crianças de um a cinco anos e, por outro lado, mostrou ser eficaz no tratamento da hipertensão em relação ao placebo.

2. POPULAÇÕES DE ALTO RISCO

2.1. Monoterapia de telmisartan ou ramipril *versus* associação de telmisartan e ramipril

Em pacientes com doença vascular ou *diabetes mellitus* de alto risco, o inibidor da enzima de conversão da angiotensina (IECA) já provou reduzir a morbidade e a mortalidade por doenças cardiovasculares. Ainda é incerto se o uso de bloqueadores dos receptores da angiotensina também possuem este efeito, e se sua associação é viável.

Para responder a estas questões foi publicado o artigo ONTARGET.[8] Um estudo duplo-cego, randomizado, com 8.576 pacientes em uso de 10 mg de ramipril por dia, 8.542 recebendo 80 mg de telmisartan, e 8.502 recebendo ambas as drogas. Todos os pacientes da amostra apresentam doenças cardiovasculares prévias ou *diabetes mellitus* descontrolada. O desfecho primário era a combinação de morte por causas cardiovasculares, infarto do miocárdio, AVC, ou hospitalização por insuficiência cardíaca. Os pacientes foram acompanhados por 56 meses em média e a idade média dos pacientes foi de 66,4 anos. A pressão média foi menor em ambos os grupos em uso de telmisartan (0,9/0,6 mmHg na melhor redução) e no grupo terapia associada (2,4/1,4 mmHg na melhor redução) do que no grupo do ramipril. Após 56 meses o desfecho primário ocorreu em 1.412 pacientes em uso de ramipril (16,5%), e 1.423 pacientes em uso de telmisartan (16,7%). O grupo telmisartan teve uma menor incidência de efeitos colaterais, tais como: tosse (1,1% vs 4,2%), angioedema (0,1% vs 0,3%), mas teve uma taxa maior de hipotensão (2,6% vs 1,7%). No grupo terapia associada o desfecho primário ocorreu em 1.386 pacientes (16,3%) e comparado ao grupo ramipril teve um aumento no risco de hipotensão, síncope e disfunção renal.

Com estes resultados os investigadores do ONTARGET concluíram que o telmisartan é equivalente ao ramipril, em pacientes com doença cardiovascular ou *diabetes mellitus* descontrolada, e está associado a menor taxa de angioedema. A combinação das duas drogas é associada a maiores taxas de eventos adversos sem maior benefício para os pacientes.

2.2. Candesartan ou amlodipina

O estudo VALUE,[19] que comparou o uso de amlodipina com valsartan nos Estados Unidos e Europa não encontrou diferenças. A mortalidade por doença isquêmica coronariana no Japão é um terço da encontrada nos Estados Unidos, supõe-se que essa diferença seja devido a características desta população, como o baixo índice de massa corporal (IMC).

O estudo CASE-J (*Candesartan antihypertensive survival evaluation in Japan*)[9] propõe-se a avaliar os benefícios do candesartan e amlodipina em pessoas de alto risco nesta população específica. CASE-J é um estudo prospectivo, randomizado, cegado para o acesso aos desfechos nos 4.728 pacientes japoneses hipertensos, com idade média de 63,8 anos, e IMC de 24,6 kg/m^2. A duração do estudo foi de 3,2 anos. O controle da pressão arterial foi alcançado em ambas as terapias. No grupo candesartan a pressão arterial média foi de 136,1/77,3 mmHg e no grupo da amlodipina foi de 134,4/76,7 mmHg após três anos de seguimento. No entanto, os pacientes que já tomavam medicações anti-hipertensivas continuaram em uso das mesmas, o que pode agregar um fator de confusão ao estudo. Eventos cardiovasculares primários ocorreram em 134 pacientes, em ambos os grupos, e o regime de tratamento de ambas as drogas não mostraram diferença na mortalidade e morbidade por eventos cardiovasculares [risco relativo 1,01 (0,79 - 1,28); p = 0,969]. A incidência de *diabetes mellitus* foi menor nos pacientes do grupo candesartan (8,7/1.000 pessoas/ano) do que no grupo amlodipina (13,6/1.000 pessoas/ano), o que resultou em uma redução de 36% no risco relativo [RR 0,64 (0,43 - 0,97), p = 0,033), demonstrando que o tratamento com candesartan ou amlodipina possui a mesma eficácia para o controle e prevenção de eventos cardiovasculares. O candesartan tem maior efeito preventivo de *diabetes mellitus* em comparação à amlodipina.

2.3. Atrasentan

Atrasentan é um potente e altamente seletivo antagonista do receptor da endotelina-A (ET_A) usado em várias formas de câncer. Em estudos em animais, o bloqueio do receptor da endotelina-A causou redução da pressão arterial, prevenção e regressão de lesões estruturais renais e melhora da ação da insulina diminuindo a hiperglicemia. Agora começam a surgir estudos avaliando os efeitos hemodinâmicos e metabólicos do bloqueio do receptor ET_A.

O estudo *Efficacy and safety of atrasentan in patients with cardiovascular risk and early atherosclerosis*[10] avaliou 72 pacientes com múltiplos fatores de risco cardiovascular e doença coronariana não-obstrutiva à angiografia. Os pacientes foram randomizados em um estudo duplo-cego, placebo-controlado, com atrasentan 10 mg *versus* placebo, com seguimento de seis meses. No grupo atrasentan havia mais pacientes em uso de betabloqueadores e idade maior (50,5 anos *versus* 46,9 do grupo placebo). Em ambas as amostras, 39% dos pacientes eram obesos (IMC > 30). A pressão aórtica média no grupo atrasentan diminuiu (93 ± 10 para 80 ± 10 mmHg, p = 0,011) e não mudou no grupo placebo (93 ± 10 para 92 ± 11 mmHg, p = 0,84). Em um subgrupo não tratado com IECA o nível de creatinina caiu no grupo atrasentan *versus* o grupo placebo. A glicose sérica, hemoglobina glicosilada, triglicerídeos, lipoproteína-A e o ácido úrico tiveram uma queda no grupo atrasentan em relação ao placebo. Os efeitos adversos do atrasentan foram cefaleia, edema e coriza.

Neste estudo, o atrasentan reduziu a pressão arterial e melhorou os níveis de glicose sérica e o metabolismo dos lipídeos. Esses dados sugerem que o atrasentan pode ser utilizado para melhorar os parâmetros metabólicos tais como metabolismo da glicose, redução da lipoproteína-A e a concentração de triglicerídeos, o que traria benefícios aos pacientes com síndrome metabólica, no entanto, esses dados devem ser observados com cautela devido às limitações do estudo.

2.4. Labetalol em hipertensão maligna

Hipertensão maligna e encefalopatia hipertensiva são emergências médicas caracterizadas por grande aumento da pressão arterial e deterioração da autorregulação cerebral. A autorregulação cerebral é a capacidade de manter um fluxo sanguíneo cerebral contínuo apesar de mudanças na pressão arterial. O nitroprussiato de sódio (NPS) é o fármaco mais utilizado nestas situações, possui uma boa farmacocinética, mas eleva a pressão intracraniana. Labetalol, um alfa e betabloqueador, parece não alterar a pressão intracraniana, mas seus efeitos distintos ainda não foram bem investigados.

O estudo *Cerebral hemodynamics during treatment with sodium nitroprusside versus labetalol in malignant hypertension*[11] avalia o efeito da redução imediata de aproximadamente 25% da pressão arterial média, com NPS ou labetalol, na resistência cerebral e vascular sistêmica em pacientes com hipertensão maligna. Foram selecionados 15 pacientes, com idade média de 44 anos no grupo NPS e 40 no labetalol, em sua maioria homens (11 para 4) e com pressões sistólicas e diastólicas aparentemente homogêneas. Os pacientes foram inclusos nos grupos por ordem de chegada, os oito primeiros foram inclusos no grupo NPS. E a dosagem da medicação aumentava com o tempo de infusão.

Os resultados obtidos foram que a pressão arterial média diminuiu com o uso do NPS (28 ± 3%) e com o labetalol (28 ± 4%). Já a resistência vascular sistêmica e a resistência vascular cerebral diminuíram com o labetalol (-13 ± 10% e -17 ± 5%, respectivamente). Com o uso do NPS a resistência vascular sistêmica diminuiu em -53 ± 4%, sendo esse valor mais expressivo do que o obtido para resistência vascular cerebral (-7 ± 4%).

Assim, verificou-se que o nitroprussiato de sódio pode beneficiar a hipertensão cerebral maligna, em relação ao labetalol, devido à redução do fluxo sanguíneo na artéria cerebral média, diminuindo assim, a hipertensão. No entanto, as limitações deste estudo devem ser consideradas, bem como seus efeitos colaterais, incluído nestes, a hipotensão; pois a heterogeneidade, a pequena amostra e a metodologia utilizada limitaram os resultados do estudo.

2.5. Doxazosina

O bloqueio alfa-adrenérgico com doxazosina é eficaz na redução da pressão arterial, porém nos últimos anos esta droga não tem sido usada como anti-hipertensivo de primeira linha.

O estudo ALLHAT[20] demonstrou que a doxazosina apresentou taxas mais altas de AVC e insuficiência cardíaca. Existem poucos ensaios clínicos utilizando doxazosina associada a outros fármacos. Um subestudo do ASCOT-BPLA (*Anglo-Scandinavian cardiac outcomes trial - blood pressure lowering arm*)[12] tenta provar que esta medicação é segura e eficaz como terceira linha de tratamento, melhorando também o perfil lipídico.

O ASCOT-BPLA foi um estudo multicêntrico, internacional, randomizado, que comparou duas classes de medicações anti-hipertensivas em pacientes que não tinham doença arterial coronariana, mas que apresentavam risco cardiovascular adicional. O tratamento inicial foi amlopidina *versus* atenolol. O perindopril ou bendroflumetiazida eram adicionados, como segunda linha de tratamento, e a doxazosina como terceira linha. Os participantes que fizeram uso da doxazosina (n = 10.069), permanentemente ou por mais de três dias, foram incluídos nesse estudo.

O estudo demonstrou algumas limitações devido ao grupo que recebeu doxazosina ter média de pressão arterial sistólica e glicose plasmática mais elevadas, e hipertrofia ventricular esquerda que o grupo que não utilizou a medicação. A meta de pressão arterial foi atingida em 29,7% dos pacientes com as drogas de primeira linha. Uma leve baixa no colesterol total, LDL e triglicerídeos foi notada nos pacientes após nove meses de uso de doxazosina. Não houve diferença no colesterol HDL. Houve um pequeno aumento na glicose sérica. Alguns pacientes tiveram que interromper o tratamento por sintomas de vertigem, fadiga, cefaleia e edema.

Os autores concluíram que a doxazosina pode ser utilizada como terceira linha de medicação, para pacientes que não alcançaram suas metas com a medicação padrão, e que se beneficiariam com a baixa dos níveis séricos de lipídios, no entanto, o uso dessa medicação pode causar vertigem, cefaleia e fadiga, devendo ser evitado em pacientes diabéticos.

2.6. Aliskireno

O aliskireno é uma medicação que recentemente foi aprovado para o controle da hipertensão. Age bloqueando diretamente a renina. Estudos demonstraram que esta medicação não é superior aos IECA's e bloqueadores dos receptores da angiotensina, no controle da pressão arterial, mas se mostrou efetivo na proteção de órgão-alvo em estudos com animais.

O estudo *Renal and hormonal responses to direct renin inhibition with aliskiren in healthy humans*[13] é um ensaio clínico envolvendo 20 participantes (15 homens e 5 mulheres) saudáveis, normotensos, sem doenças cardiovasculares, renais ou endócrinas prévias, e com idade média de 34 anos (IC 31 - 37) que receberam uma dieta pobre em sódio (10 mmol/dia) e estavam em uso de diferentes doses de aliskireno. Seis participantes adicionais (três homens e três mulheres), com idade média de 33,8 anos (IC 28,6 - 39), receberam 25 mg de captopril com uma baixa ingesta de sódio e também aliskireno com uma dieta rica em sódio (200 mmol/dia). O objetivo do estudo foi verificar se o aliskireno teria uma resposta vascular renal melhor que os IECA's e os bloqueadores dos receptores da angiotensina.

Os autores concluíram que o aliskireno tem uma melhor resposta na vasodilatação renal, em pacientes saudáveis, do que os IECA's e os BRA's, além de aumentar a natriurese. No entanto, as conclusões desse estudo são muito limitadas, devido à amostra pequena e ao fato desses pacientes não serem hipertensos, limitando a eficácia do medicamento a uma população-alvo que não teria benefícios com o uso do mesmo.

2.7. Eplerenone

Eplerenone é um bloqueador seletivo mineralocorticoide. A ativação de receptores mineralocorticoides pode contribuir para a disfunção cardiovascular, inflamação, fibrose e dano cardiovascular. O antagonismo destes receptores diminui danos cardiovasculares, através da redução da pressão arterial. Existem novas evidências que mostram que a diminuição de danos ocorre independente de alterações na pressão envolvendo o bloqueio direto da aldosterona, da pró-inflamação cardiovascular e dos efeitos diretos fibróticos.

O estudo *Selective mineralocorticoid receptor blocker eplerenone reduces resistance artery stiffness in hypertensive patients*[14] teve como objetivo verificar se o eplerenone melhora a resistência arterial em comparação ao betabloqueador atenolol. É um ensaio clínico randomizado, duplo-cego, no qual 16 pacientes hipertensos foram randomizados para atenolol *versus* eplerenone, numa dose diária de 50 mg, sendo essa dose titulada para 100 mg caso o paciente continuasse hipertenso pelo período de um ano.

Os resultados foram comparados com um grupo placebo em relação à espessura dos vasos, pressão diastólica, pressão sistólica, frequência cardíaca e função renal. Os resultados encontrados foram: (1) eplerenone oferece um bom controle da pressão sanguínea; (2) reduz a resistência arterial e a taxa de colágeno e elastina nas artérias rígidas, em relação ao atenolol, em pacientes com hipertensão leve à moderada. Além disso, o eplerenone reduz alguns fatores pró-inflamatórios como o MCP1, bFGF e a IL-8.

Os autores concluíram que o eplerenone, para hipertensos leves a moderados, reduz a resistência vascular e a deposição de colágeno e reduz alguns marcadores inflamatórios que pioram a hipertensão. No entanto, é necessário um estudo com uma amostra mais significativa, no qual a tendência da piora da função renal, pelo uso desse medicamento, seja levada em conta.

2.8. Estatinas

Alguns estudos sugeriram reduções da PA com o uso de estatinas, principalmente em pacientes com HAS. Para testar esta hipótese foi realizado o estudo *Reduction in blood pressure with statins*.[15]

A PA foi avaliada neste ensaio clínico randomizado, duplo-cego, para avaliar o impacto das estatinas *versus* placebo na PA sistólica e diastólica; 973 pacientes sem doenças cardiovasculares, sem *diabetes mellitus* e com LDL entre 115 a 190 mg/dl, tiveram a PA sistólica e diastólica mensuradas. Os pacientes foram randomizados para receber sinvastatina 20 mg, pravastatina 40 mg ou placebo em igual proporção (33%). As estatinas reduziram a PA modestamente, porém significativamente: 2,2 mmHg na PA sistólica e 2,4 mmHg na PA diastólica na análise ITT. A redução na PA diastólica e sistólica ocorreu com as estatinas lipofílicas e hidrofílicas e se estendeu aos normotensos. Estes efeitos discretos podem contribuir para a redução do risco de acidente vascular encefálico e eventos cardiovasculares descritos no uso das estatinas.

3. IMPACTO DA FREQUÊNCIA CARDÍACA EM HIPERTENSOS

Em pacientes com doença arterial coronariana (DAC), terapias que diminuem a frequência cardíaca (FC) de repouso parecem ter maiores benefícios do que aquelas que a aumentam.

O objetivo do estudo *Impact of resting heart rate on outcomes in hypertensive patients with coronary artery disease*[16] foi determinar a relação entre FC e desfechos adversos em pacientes hipertensos, com DAC, tratados para hipertensão com diferentes drogas redutoras da FC. Os pacientes foram randomizados para tratamento com verapamil SR *versus* atenolol. O desfecho primário foi a primeira ocorrência da combinação de todas as causas de morte, infarto do miocárdio não-fatal, ou acidente vascular encefálico não-fatal. FC elevada, no início do estudo e no acompanhamento, foi associada a aumento na incidência de desfechos adversos. Verapamil reduziu a FC, embora menos que o atenolol, podendo ser uma alternativa para os casos em que os betabloqueadores não estão indicados.

4. DERIVADOS LÁTICOS NA PRESSÃO ARTERIAL

Há crescentes evidências de que a ingesta de laticínios, que são ricos em proteínas e cálcio, pode ter efeitos benéficos sobre a PA. Para avaliar estes efeitos, foi publicado o estudo *Lactotripeptides show no effect on human blood pressure*,[17] um ensaio clínico randomizado, duplo-cego, controlado por placebo, que teve como objetivo avaliar se a ingesta diária de 14 mg de lactopeptídeos (LTP) influenciaria na PA, em um período de oito semanas, em 135 indivíduos com PA elevada que não recebiam tratamento anti-hipertensivo.

O desfecho primário foi uma mudança na PA sistólica em oito semanas; os desfechos secundários foram uma mudança na PA diastólica, PA mensurada em casa, monitorização ambulatorial da PA de 24 horas, atividade da enzima de conversão da angiotensina no plasma e nível sérico da angiotensina II. Não houve diferenças significativas nas características basais entre os grupos. Nem a PA sistólica e diastólica, nem os demais desfechos foram diferentes entre os grupos.

Este estudo não demonstrou redução da PA com o uso de LTP, em indivíduos não-tratados para PA elevada, em comparação com o placebo.

5. ADERÊNCIA AO TRATAMENTO

Apesar dos benefícios comprovados na redução dos níveis de pressão arterial, em pacientes hipertensos, e de existirem diversos consensos orientando a detecção e manejo da HAS, o número de casos que atingem controle continua sendo pequeno.

O estudo *Effect of general practitioner education on adherence to antihypertensive drugs*[18] tem por objetivo demonstrar que a aderência dos pacientes ao tratamento anti-hipertensivo é maior quando os médicos são especialmente treinados no manejo da HAS, do que quando realizam a rotina habitual de tratamento. Este estudo foi um ensaio clínico randomizado, com características basais dos pacientes e custo das drogas não diferindo nos dois grupos. O desfecho primário do estudo foi a dose correta das drogas.

Foi evidenciado que a aderência ao tratamento foi maior nos pacientes do grupo tratado pelos médicos com treinamento especial, do que no outro grupo tratado de forma habitual. A pressão arterial foi menor nos pacientes que aderiram ao tratamento.

Este estudo é o primeiro a mostrar que o tratamento com médicos altamente capacitados tem um impacto positivo na aderência ao tratamento anti-hipertensivo, que por sua vez, melhorou o controle da PA. Os achados evidenciam a importância da educação médica continuada no manejo da HAS.

Ref.	Estudo	Hipótese	n	Exposição
4	HYVET	O tratamento da hipertensão, em pacientes acima dos 80 anos, traz benefícios a esses pacientes.	3.845	Indapamina (1,5 mg) versus placebo.
5	Effects of losartan in women with hypertension and left ventricular hypertrophy (subanálise de LIFE)	Diminuição da incidência de eventos cardiovasculares em mulheres hipertensas. Uso de losartan comparado ao uso de atenolol em mulheres.	4.963	Losartan 50 mg/dia versus atenolol 50 mg/dia.
6	Valsartan improves arterial stiffness in type 2 diabetes independently of blood pressure lowering	Demonstrar o possível benefício dos BRA's na rigidez arterial, em relação aos bloqueadores dos canais do cálcio.	280	Valsartan + hidroclorotiazida versus amlodipina.
7	Efficacy and safety of the angiotensin receptor blocker valsartan in children with hypertension aged 1 to 5 years	Valsartan é eficaz e seguro em crianças de um a cinco anos.	90	Valsartan versus placebo.
8	ONTARGET	Avaliar a eficiência do telmisartan, do ramipril ou de ambos, na prevenção da morbimortalidade em pacientes de alto risco cardiovascular.	25.620	Ramipril 10mg, telmisartan 80mg, ou, telmisartan + ramipril.

Desfechos	Resultados
Primários: AVC (fatal ou não-fatal). **Secundários:** morte por qualquer causa, morte por causas cardiovasculares, morte por causa cardíaca, morte por AVC.	O grupo com tratamento ativo teve uma redução de 30% na incidência de AVC fatal e não-fatal; 39% na redução de morte por AVC; 21% de morte por qualquer outra causa; 23% na morte por causas cardiovasculares; e 64% de redução na taxa de insuficiência cardíaca.
Composto de morte por causa cardiovascular, AVC e infarto do miocárdio; hospitalização por angina; hospitalização por insuficiência cardíaca e novo diagnóstico de *diabetes*.	A pressão sistólica e diastólica no grupo do losartan diminui, respectivamente, 30,3 e 17,1 mmHg, no grupo do atenolol a PA sistólica 29,4 e a diastólica 16,7. O controle da PA foi de 35,9% no grupo losartan e 32,3% no do atenolol. Para o desfecho composto o grupo losartan teve uma incidência de 215 *versus* 261 no do atenolol, risco relativo de 0,82 (95% - IC 0,68 - 0,98). O grupo losartan apresentou mais hospitalização por angina (risco relativo 1,7).
Redução na velocidade da onda de pulso aórtica com o uso de valsartan.	Ao final do estudo as médias das pressões foram equivalentes. A velocidade da onda de pulso aórtica mostrou-se menor ou maior redução no grupo valsartan/HCTZ: 1,8 (-2,4 a -1,3) que no grupo amlodipina 0,7 (-1,3 a -0,2), permanecendo por 24 semanas.
Mudança na pressão arterial sistólica e diastólica sentado.	Houve uma redução significativa na pressão sistólica (8,5 mmHg) e diastólica (5,7 mmHg) em todas as doses de valsartan de fase 1. Na fase 2 a redução também foi significativa e na 3, oito pacientes não atingiram a meta e foram medicados com HCTZ para que os níveis pressóricos desejados fossem alcançados (77,3% dos pacientes fase 3). Efeitos adversos ocorreram em 32,2% dos pacientes na fase 1; 44,8% nos da fase 2 e 79,5% nos da fase 3, sendo infecção o efeito adverso mais prevalente. O único efeito adverso relacionado do uso da medicação foi hipercalemia.
Morte, IAM, AVC e hospitalização por ICC.	Redução da PA em todos os grupos. No *follow-up* médio de 56 meses o desfecho primário ocorreu em 1.412 pacientes em uso de ramipril e 1.423 pacientes em uso de telmisartan. No grupo terapia associada o desfecho primário ocorreu em 1.386 pacientes e comparado ao grupo ramipril teve um aumento no risco de hipotensão, síncope e disfunção renal.

Ref.	Estudo	Hipótese	n	Exposição
9	CASE-J	Provar a eficácia do candesartan no controle da pressão arterial e na prevenção de eventos cardiovasculares em relação à amlodipina no Japão.	4.728	Candesartan versus amlodipina.
10	Efficacy and safety of atrasentan in patients with cardiovascular risk and early atherosclerosis	Atrasentan é seguro e eficaz no controle da hipertensão e da resposta metabólica comparado ao placebo.	72	Atrasentan versus placebo.
11	Cerebral hemodynamics during treatment with sodium nitroprusside versus labetalol in malignant hypertension	Avaliar os efeitos imediatos de uma redução de 25% na pressão arterial média, com nitroprussiato de sódio ou labetalol, na resistência vascular cerebral e sistêmica em pacientes com hipertensão maligna.	15	Nitroprussiato de sódio (NPS) versus labetalol.
12	Effect of doxazosin gastrointestinal therapeutic system as third-line antihypertensive therapy on blood pressure and lipids in the anglo-scandinavian cardiac outcomes trial (ASCOT-BPLA)	Doxazosina é segura e efetiva, como terceira linha de medicações, para controle da pressão arterial e baixa dos níveis plasmáticos de lipídios.	10.069	Aos pacientes que não atingiam controle da PA com atenolol, amlodipina, atenolol + bendroflumetazina ou amlodipina + perindopril era adicionado doxazosina 4 a 8 mg.
13	Renal and hormonal responses to direct renin inhibition with aliskiren in healthy humans	Aliskireno apresenta resposta vascular renal melhor que os IECA's e os bloqueadores dos receptores da angiotensina (BRA's).	26	Vinte participantes receberam dieta pobre em sódio (10 mmol/dia) e uso de diferentes doses de aliskireno. Seis receberam 25 mg de captopril com uma baixa ingesta de sódio e também aliskireno com uma dieta rica em sódio (200 mmol/dia).

Desfechos	Resultados
Primários: composto de morte súbita, eventos cerebrovasculares, cardíacos, renais e vasculares. **Secundários**: qualquer causa de morte, novo diagnóstico de *diabetes*, descontinuação do tratamento por efeito adverso.	O controle da PA foi alcançado em ambas as terapias, tendo o grupo candesartan 136,1/77,3 mmHg de média, e o grupo amlodipina 134,4/76,7 mmHg, em três anos. Eventos cardiovasculares primários ocorreram em 134 pacientes, em ambos os grupos. O regime de tratamento de ambas as drogas não mostraram diferença na mortalidade e morbidade por eventos cardiovasculares [risco relativo 1,01 (0,79 - 1,28); p = 0,969]. Já a incidência de *diabetes* foi menor em pacientes no grupo candesartan (8,7/1.000 pessoas/ano) do que no grupo amlodipina (13,6/1.000 pessoas/ano) o que resulta em 36% de redução no risco relativo [RR 0,64 (0,43 - 0,97), p = 0,033].
Efeitos adversos. Respostas metabólica e hemodinâmica.	A pressão aórtica média no grupo atrasentan diminui (93 ± 10 para 80 ± 10 mmHg, p = 0,011) e não mudou no grupo placebo (93 ± 10 para 92 ± 11 mmHg, p = 0,84). Em um subgrupo, não tratado com IECA's, o nível de creatinina caiu no grupo atrasentan *versus* placebo. A glicose sérica, hemoglobina glicosilada, triglicerídeos e lipoproteína-A, além do ácido úrico, tiveram uma queda no grupo atrasentan em relação ao placebo. Os efeitos adversos do atrasentan foram cefaleia, edema e coriza.
Diminuição da PA e diminuição da resistência vascular sistêmica e resistência vascular cerebral.	A pressão arterial média diminuiu com o uso do NPS (28 ± 3%) e com o labetalol (28 ± 4%). Já a resistência vascular sistêmica e a resistência vascular cerebral diminuíram com o labetalol (-13 ± 10% e -17 ± 5%, respectivamente), mas no uso do NPS a resistência vascular sistêmica diminuiu em -53 ± 4%, sendo esse valor mais expressivo do que o obtido para resistência vascular cerebral (-7 ± 4%).
Redução da PA, melhora do perfil lipídico, avaliação de efeitos adversos.	A meta de PA foi atingida em 29,7% dos pacientes. Uma leve baixa no colesterol total, LDL e triglicerídeos foi notada nos pacientes após nove meses, havendo ainda, um pequeno aumento na glicose sérica. Efeitos adversos: vertigem, fadiga, cefaleia e edema.
Aumento da natriurese e melhora na vasodilatação renal, em comparação aos IECA's e BRA's.	Melhor resposta na vasodilatação renal com o uso de aliskireno, em comparação aos IECA's e os BRA's.

Ref.	Estudo	Hipótese	n	Exposição
14	*Selective mineralocorticoid receptor blocker eplerenone reduces resistence artery stiffnese in hypertensive patients*	Eplerenone reduz a resistência arterial em pacientes hipertensos.	16	Atenolol *versus* eplerenone.
15	*Reduction in blood pressure with statins*	Estatinas reduzem a pressão arterial.	973	Sinvastatina 20 mg, pravastatina 40 mg, ou placebo.
16	*Impact of resting heart rate on outcomes in hypertensive patients with coronary artery disease (INVEST)*	Relação entre frequência cardíaca de repouso e desfechos adversos em pacientes hipertensos com doença arterial coronariana.	22.192	Verapamil SR ou atenolol.
17	*Lactotripeptides show no effect on human blood pressure*	Peptídeos derivados do leite, com propriedades de inibição da enzima conversora da angiotensina, podem ter efeito anti-hipertensivo.	135	Foram feitos quatro grupos: lactopeptídeos sintéticos, lactopeptídeos fermentados, lactopeptídeos enzimáticos ou placebo.
18	*Effect of general practitioner education on adherence to antihypertensive drugs*	A aderência ao tratamento anti-hipertensivo é maior nos pacientes tratados por médicos com treinamento especial no manejo da HAS, do que nos tratados de forma habitual.	200	O grupo do cuidado especial foi tratado por médicos com treinamento especial no manejo da HAS; o grupo do cuidado rotineiro foi tratado de forma habitual por médicos sem esse treinamento.

Desfechos	Resultados
Redução da pressão arterial, redução de marcadores inflamatórios, diminuição da resistência vascular.	Redução da resistência arterial e da taxa de colágeno e elastina, nas artérias rígidas, em relação ao atenolol, em pacientes com hipertensão leve à moderada, e redução de alguns fatores pró-inflamatórios.
O desfecho primário foi a medida da pressão arterial sistólica e diastólica.	Ocorreu modesta, porém significativa, redução na pressão arterial sistólica e diastólica na análise para intenção de tratar (2,2 mmHg PA sistólica e 2,4 mmHg PA diastólica).
O desfecho primário foi a primeira ocorrência de todas as causas de morte, infarto do miocárdio não-fatal, ou acidente vascular encefálico não-fatal.	FC elevada, no início do estudo e no acompanhamento, foi associada a aumento na incidência de desfechos adversos. Verapamil reduziu a FC, embora menos que o atenolol, podendo ser uma alternativa caso os betabloqueadores não sejam apropriados.
Primários: mudança na PA sistólica em oito semanas. **Secundários**: mudança na PA diastólica, PA mensurada em casa, monitorização ambulatorial da PA de 24 horas, atividade da ECA no plasma e nível sérico da angiotensina II.	Os lactopeptídeos não reduziram significativamente a PA sistólica e diastólica, em comparação com o placebo; também não houve efeito significativo quanto aos desfechos secundários. Este estudo não demonstrou redução da PA com os lactopeptídeos.
Uso da dose correta das drogas.	A aderência ao tratamento anti-hipertensivo foi maior no grupo de pacientes tratados pelos médicos com treinamento especial no manejo da HAS, do que no grupo tratado por médicos sem esse treinamento.

Referências Bibliográficas

[1] Lewington S, Clarke R, Qizilbash N, Peto R, Collins R. Age-specific relevance of usual blood pressure to vascular mortality: a meta-analysis of individual data for one million adults in 61 prospective studies. Lancet. 2002 Dec 14; 360(9349):1903-13.

[2] Woodwell DA, Cherry DK. National Ambulatory Medical Care Survey: 2002 summary. Advance data. 2004 Aug 26; (346):1-44.

[3] Braunwald E, Zipes DP. Braunwald's heart disease: a textbook of cardiovascular medicine. 7th ed. Philadelphia, Pa.: W. B. Saunders 2005.

[4] Beckett NS, Peters R, Fletcher AE, Staessen JA, Liu L, Dumitrascu D, et al. Treatment of hypertension in patients 80 years of age or older. The New England journal of medicine. 2008 May 1; 358(18):1887-98.

[5] Os I, Franco V, Kjeldsen SE, Manhem K, Devereux RB, Gerdts E, et al. Effects of losartan in women with hypertension and left ventricular hypertrophy: results from the Losartan Intervention for Endpoint Reduction in Hypertension Study. Hypertension. 2008 Apr; 51(4):1103-8.

[6] Karalliedde J, Smith A, De Angelis L, Mirenda V, Kandra A, Botha J, et al. Valsartan improves arterial stiffness in type 2 diabetes independently of blood pressure lowering. Hypertension. 2008 Jun; 51(6):1617-23.

[7] Flynn JT, Meyers KE, Neto JP, de Paula Meneses R, Zurowska A, Bagga A, et al. Efficacy and safety of the Angiotensin receptor blocker valsartan in children with hypertension aged 1 to 5 years. Hypertension. 2008 Aug; 52(2):222-8.

[8] Yusuf S, Teo KK, Pogue J, Dyal L, Copland I, Schumacher H, et al. Telmisartan, ramipril, or both in patients at high risk for vascular events. The New England journal of medicine. 2008 Apr 10; 358(15):1547-59.

[9] Ogihara T, Nakao K, Fukui T, Fukiyama K, Ueshima K, Oba K, et al. Effects of candesartan compared with amlodipine in hypertensive patients with high cardiovascular risks: candesartan antihypertensive survival evaluation in Japan trial. Hypertension. 2008 Feb; 51(2):393-8.

[10] Raichlin E, Prasad A, Mathew V, Kent B, Holmes DR, Jr., Pumper GM, et al. Efficacy and safety of atrasentan in patients with cardiovascular risk and early atherosclerosis. Hypertension. 2008 Sep; 52(3):522-8.

[11] Immink RV, van den Born BJ, van Montfrans GA, Kim YS, Hollmann MW, van Lieshout JJ. Cerebral hemodynamics during treatment with sodium nitroprusside versus labetalol in malignant hypertension. Hypertension. 2008 Aug; 52(2):236-40.

[12] Chapman N, Chang CL, Dahlof B, Sever PS, Wedel H, Poulter NR. Effect of doxazosin gastrointestinal therapeutic system as third-line antihypertensive therapy on blood pressure and lipids in the Anglo-Scandinavian Cardiac Outcomes Trial. Circulation. 2008 Jul 1; 118(1):42-8.

[13] Fisher ND, Jan Danser AH, Nussberger J, Dole WP, Hollenberg NK. Renal and hormonal responses to direct renin inhibition with aliskiren in healthy humans. Circulation. 2008 Jun 24; 117(25):3199-205.

[14] Savoia C, Touyz RM, Amiri F, Schiffrin EL. Selective mineralocorticoid receptor blocker eplerenone reduces resistance artery stiffness in hypertensive patients. Hypertension. 2008 Feb; 51(2):432-9.

[15] Golomb BA, Dimsdale JE, White HL, Ritchie JB, Criqui MH. Reduction in blood pressure with statins: results from the UCSD Statin Study, a randomized trial. Archives of internal medicine. 2008 Apr 14; 168(7):721-7.

[16] Kolloch R, Legler UF, Champion A, Cooper-Dehoff RM, Handberg E, Zhou Q, et al. Impact of resting heart rate on outcomes in hypertensive patients with coronary artery disease: findings from the International Verapamil-SR/trandolapril Study (INVEST). European heart journal. 2008 May; 29(10):1327-34.

[17] Engberink MF, Schouten EG, Kok FJ, van Mierlo LA, Brouwer IA, Geleijnse JM. Lactotripeptides show no effect on human blood pressure: results from a double-blind randomized controlled trial. Hypertension. 2008 Feb; 51(2):399-405.

[18] Qureshi NN, Hatcher J, Chaturvedi N, Jafar TH. Effect of general practitioner education on adherence to antihypertensive drugs: cluster randomised controlled trial. BMJ (Clinical research ed. 2007 Nov 17; 335(7628):1030.

[19] Julius S, Kjeldsen SE, Weber M, Brunner HR, Ekman S, Hansson L, et al. Outcomes in hypertensive patients at high cardiovascular risk treated with regimens based on valsartan or amlodipine: the VALUE randomised trial. Lancet. 2004 Jun 19; 363(9426):2022-31.

[20] Major cardiovascular events in hypertensive patients randomized to doxazosin vs chlorthalidone: the antihypertensive and lipid-lowering treatment to prevent heart attack trial (ALLHAT). ALLHAT Collaborative Research Group. Jama. 2000 Apr 19; 283(15):1967-75.

FÁRMACOS EM CARDIOPATIA ISQUÊMICA

HENRIQUE DE ARAÚJO VIANA TRÄSEL
Franciele Bagnara; Letícia Corso; Lívia Gravina; William Cenci Tormen

SUMÁRIO: 1. Abciximab: 1.1. Em infarto agudo do miocárdio sem supraelevação do segmento ST; 1.2. Em infarto agudo do miocárdio com supraelevação do segmento ST - 2. Bivalirudin: 2.1. Em infarto agudo do miocárdio sem supraelevação do segmento ST; 2.2. Em infarto agudo do miocárdio com supraelevação do segmento ST - 3. Fondaparinux: 3.1. Em infarto agudo do miocárdio com supraelevação do segmento ST - 4. Heparina - 5. Clopidogrel: 5.1. Em angina estável; 5.2. Clopidogrel e prasugrel; 5.3. Clopidogrel e aspirina; 5.4. Clopidogrel e omeprazol - 6. Tirofiban - 7. Ivabradina - 8. Cilostazol - 9. Ciclosporina - 10. Alternativas farmacológicas: 10.1. Ácido fólico e vitaminas B6 e B12; 10.2. Insulina, glicose e potássio; 10.3. Transplante autólogo de mioblastos; 10.4. Transplante autólogo de células da medula óssea; 10.5. Vacina contra o vírus *Influenza*.

1. ABCIXIMAB

O abciximab é um anticorpo monoclonal que atua bloqueando os receptores da glicoproteína IIb/IIIa, atuando dessa forma, como antiagregante plaquetário específico.

1.1. Em infarto agudo do miocárdio sem supraelevação do segmento ST

O ensaio clínico *ISAR-REACT-2*,[1] publicado no *European Heart Journal* em fevereiro de 2008, compara o uso do abciximab com placebo em pacientes previamente tratados com 600 mg de clopidogrel. O estudo foi randomizado, duplo-cego, placebo-controlado com o objetivo de avaliar se há benefício sustentado por um ano com o uso de abciximab em pacientes de alto risco, com infarto agudo do miocárdio (IAM) sem supra-ST, submetidos à angioplastia.

Os 2.022 pacientes foram estratificados para receber abciximab ou placebo durante a angioplastia. Os pacientes receberam abciximab em *bolus* na dose de 0,25 mg/kg, seguido de infusão contínua de 0,125 µg/kg/min (máximo de 10 µg/min) por 12 horas, ou placebo em infusão por 12 horas, sendo que no grupo do abciximab os pacientes receberam também *bolus* de 70 U/kg enquanto o grupo placebo recebeu 140 U/kg.

O desfecho primário avaliado foi a incidência, em um ano, de morte, IAM e revascularização dos vasos acometidos. O desfecho secundário foi composto de morte ou infarto do miocárdio.

Foi demonstrado que a incidência, em um ano, do desfecho primário foi menor no grupo que recebeu abciximab comparado ao grupo placebo (23,3% *vs* 28,0%) (RR 0,80, 95% IC 0,67 - 0,95, p = 0,012).

Segundo os autores, ao contrário do que fora encontrado no primeiro estudo, todos os pacientes foram beneficiados com essa terapia, e não apenas os que apresentam elevação nos níveis de troponina.

1.2. Em infarto agudo do miocárdio com supraelevação do segmento ST

A terapia de escolha para IAM com supra-ST é a angioplastia primária. Porém, a reperfusão miocárdica não evita, totalmente, possíveis danos ao músculo cardíaco. O uso de abciximab é uma alternativa terapêutica que restabelece a microcirculação coronariana e reduz os efeitos cardíacos adversos relacionados ao IAM.

O ensaio clínico *Abciximab intravenous vs intracoronary in STEMI*,[2] publicado no *Circulation* em julho de 2008, compara o uso dessa droga pelas vias intracoronariana e intravenosa. O estudo foi randomizado, duplo-cego, realizado com o objetivo de avaliar se a infusão de abciximab por via intracoronária seria mais eficiente que por via intravenosa, em IAM com supra-ST.

Os 154 pacientes foram estratificados para receber *bolus* de abciximab por via intracoronária ou por via intravenosa durante a angioplastia. Os dois braços do estudo receberam *bolus* de abciximab na dose de 0,25 mg/kg por via intracoronária ou intravenosa, seguido de infusão intravenosa contínua deste fármaco por doze horas na dose de 0,125 µg/kg por minuto (máximo de 10 µg/min).

O desfecho primário avaliado foi o tamanho da área de infarto, avaliado pela enzima cardíaca CK, e obstrução microvascular avaliada por ressonância magnética. O desfecho secundário foi composto pela resolução da elevação do segmento ST em 90 minutos, escore TIMI após a angioplastia e ocorrência de eventos adversos em 30 dias.

Foi demonstrada eficácia maior no grupo que recebeu o fármaco por via intracoronária, sendo que a área de infarto foi menor neste grupo quando comparada ao da via intravenosa (15% *vs* 23,4%, p = 0,01, respectivamente). A obstrução microvascular precoce e tardia também foi menor no grupo da via intracoronária, além disso, a porcentagem de resolução da elevação do segmento ST foi maior neste braço do estudo. Segundo os autores, os infartos de parede anterior tiveram melhor resposta ao uso por via intracoronária.

O estudo transversal *Relative safety of abciximab and eptifibatide*,[3] publicado no *Journal of the American College of Cardiology* em fevereiro de 2008, compara o uso dessa droga com o eptifibatide. O estudo foi retrospectivo, realizado pela revisão dos registros hospitalares dos pacientes submetidos à angioplastia e que receberam uma dessas duas drogas, com o objetivo de avaliar a segurança e a eficácia relativas entre abciximab e eptifibatide. Os 3.541 pacientes foram estratificados segundo o uso de abciximab (n = 2.812) ou eptifibatide (n = 729), durante a angioplastia.

O desfecho primário avaliado foi a morte intra-hospitalar. O secundário foi transfusão pós-procedimento e eventos cardíacos adversos no ambiente intra-hospitalar.

Foi demonstrada eficácia similar quanto aos desfechos angiográficos e nos demais desfechos. Os efeitos adversos mais comuns foram maior incidência de sangramentos gastrintestinais no grupo do abciximab.

2. BIVALIRUDIN

O bivalirudin é um anticoagulante que age por meio da inibição reversível e específica da trombina. Diversos estudos comparando bivalirudin com as heparinas convencionais (heparina de baixo peso molecular e heparina não-fracionada) foram realizados. Além disso, suas combinações com inibidores da GP IIb/IIIa também foram analisadas.

2.1. Em infarto agudo do miocárdio sem supraelevação do segmento ST

O subestudo do *ACUITY trial*,[4] publicado no *Journal of the American College of Cardiology* em maio de 2008, compara o uso de bivalirudin com heparina ou enoxaparina. O estudo foi randomizado, *open-label*, com o objetivo de avaliar a segurança e eficácia da mudança da terapia, com heparina ou enoxaparina, para a terapia com bivalirudin.

Os 7.104 pacientes foram estratificados segundo a terapia antitrombótica que estavam recebendo, sendo destes, 4.215 com terapia prévia e 2.889 virgens de tratamento. Os pacientes com terapia prévia receberam continuamente com heparina/enoxaparina ou trocaram para bivalirudin, e os virgens de tratamento receberam ou heparina/enoxaparina ou bivalirudin.

Os desfechos primários avaliados foram analisados em 30 dias, sendo relacionados à isquemia (morte, infarto do miocárdio, revascularização não-planejada) e sangramentos não-relacionados com a cirurgia coronariana.

Foi demonstrado que não houve diferença nos índices de isquemia, tanto no grupo que trocou para bivalirudin (6,9%) quanto no que continuou com heparina/enoxaparina (7,4%) (RR 0,93; 95% IC 0,75 - 1,16; p = 0,52). Nos pacientes virgens de terapia antitrombótica, os do grupo bivalirudin tiveram índices similares de isquemia (6,2% vs 5,5%; RR 1,11; 95% IC 0,83 a 1,49; p = 0,47).

Os efeitos adversos mais comuns foram sangramentos, em ambos os grupos, porém menores nos que receberam bivalirudin.

Segundo os autores, a troca de terapia para bivalirudin não difere em relação aos eventos isquêmicos quando comparados à terapia com heparina/enoxaparina. Além disso, os índices de sangramentos são significativamente menores com o uso de bivalirudin.

Outro subestudo, ensaio clínico *ACUITY*,[5] publicado no *Journal of the American College of Cardiology* em setembro de 2008, compara o uso do bivalirudin, como monoterapia ou associado a um inibidor da GP IIb/IIIa, com o uso de heparina associado a um inibidor de GP IIb/IIIa. O estudo foi randomizado, duplo-cego, com o objetivo de avaliar o impacto da terapia com bivalirudin, nos desfechos após um ano, em pacientes com síndrome coronariana aguda sem elevação do segmento ST que foram submetidos à angioplastia.

Os 7.789 pacientes foram estratificados para receber ou heparina/enoxaparina com um inibidor da GP IIb/IIIa, ou bivalirudin com um inibidor da GP IIb/IIIa, ou bivalirudin como monoterapia.

Os desfechos primários avaliados foram eventos relacionados à isquemia (morte, infarto do miocárdio, revascularização não-planejada) e mortalidade em um ano. Após um ano, não foram encontradas diferenças em eventos relacionados à isquemia entre os três grupos (17,8% vs 19,4% vs 19,2%; p = não-significativo). Em relação à mortalidade, também não foram encontradas diferenças (3,2% vs 3,3% vs 3,1%; p = não-significativo).

Em um outro trabalho, também subestudo do *ACUITY*,[6] publicado no *JAMA* em dezembro de 2007, compara-se o uso do bivalirudin como monoterapia ou associado a um inibidor da GP IIb/IIIa com o uso de heparina associada a um inibidor de GP IIb/IIIa. O estudo foi randomizado, duplo-cego, com o objetivo de determinar os desfechos relacionados à isquemia, durante um ano, nos pacientes com síndrome coronariana aguda sem elevação do segmento ST.

Os 13.819 pacientes receberam ou heparina/enoxaparina com um inibidor da GP IIb/IIIa, ou bivalirudin com um inibidor da GP IIb/IIIa, ou bivalirudin como monoterapia.

Os desfechos primários avaliados, em um ano, foram eventos relacionados à isquemia (morte, infarto do miocárdio e revascularização não-planejada). Os desfechos relacionados à isquemia ocorreram em 15,4% dos pacientes recebendo heparina e inibidores da GP IIb/IIIa, 16,0% dos que receberam bivalirudin e inibidores da GP IIb/IIIa (RR 1,05; 95% IC 0,95 - 1,16; p = 0,35), e em 16,2% dos pacientes recebendo somente bivalirudin (RR 1,06; 95% IC 0,95 - 1,17; p = 0,29).

O outro ensaio clínico produzido através do banco de dados do *ACUITY*,[7] publicado no *Journal of the American College of Cardiology* em abril de 2008, que teve como objetivo analisar os resultados obtidos com os pacientes diabéticos após a randomização para os três diferentes braços do estudo. O estudo foi randomizado, *open-label*. Os 3.852 pacientes foram estratificados conforme a terapia que estavam recebendo.

O desfecho primário avaliado foi analisado em 30 dias e incluía eventos relacionados à isquemia (morte, infarto do miocárdio, revascularização não-planejada); sangramentos não-relacionados com a cirurgia coronariana e transfusão sanguínea. Comparados com os pacientes não-diabéticos, os diabéticos tiveram, em 30 dias, índices maiores de desfechos clínicos adversos (12,9% *vs* 10,6%; p = 0,001), relacionados à isquemia (8,7% *vs* 7,2%; p = 0,003) e relacionados a sangramentos (5,7% *vs* 4,2%; p = 0,001). Na comparação entre os tratamentos recebidos pelos diabéticos, bivalirudin e inibidor da GP IIb/IIIa resultou em índices similares de desfechos clínicos quando comparado com heparina e inibidor da GP IIb/IIIa (13,8% *vs* 14,0%; p = 0,89). Monoterapia com bivalirudin resultou em índices similares de isquemia (7,9% *vs* 8,9%; p = 0,39), menos sangramentos (3,7% *vs* 7,1%; p < 0,001), levando a menos desfechos clínicos adversos (10,9% *vs* 13,8%; p = 0,02).

2.2. Em infarto agudo do miocárdio com supraelevação do segmento ST

No subestudo do *HORIZONS-AMI trial*,[8] que teve como objetivo avaliar o valor clínico do tratamento com bivalirudin em pacientes com infarto do miocárdio e supradesnivelamento do segmento ST, em que foram comparados heparina associada a inibidores da GP IIb/IIIa *versus* bivalirudin como monoterapia, foram encontrados melhores resultados no grupo do bivalirudin em relação aos efeitos adversos e aos desfechos clínicos.

Os 3.602 pacientes foram estratificados para receber heparina não--fracionada (HNF) com inibidor da GP IIb/IIIa (grupo-controle) ou somente bivalirudin. Os pacientes receberam bivalirudin por via intravenosa na dose de 0,75 mg/kg, seguido de infusão contínua de 1,75 mg/kg/hora. No grupo-controle a heparina foi administrada em *bolus* de 60 U/kg.

Os desfechos primários foram sangramentos e eventos clínicos adversos (sangramentos e eventos cardiovasculares, incluindo morte, reinfarto, revascularização por isquemia e acidente vascular cerebral) em 30 dias.

Bivalirudin como monoterapia resultou, em 30 dias, em índices menores de eventos clínicos adversos (9,2% *vs* 12,1%; RR 0,76; IC 0,63 - 0,92; p = 0,005) devido a uma menor taxa de sangramento (4,9% *vs* 8,3%; RR 0,60; IC 0,46 - 0,77; p < 0,001). O tratamento com bivalirudin resultou em índices menores de morte por causa cardíaca (1,8% *vs* 2,9%; RR 0,62; IC 0,40 - 0,95; p = 0,03) e morte por todas as causas (2,1% *vs* 3,1%; RR 0,66; IC 0,44 - 1,00; p = 0,047), quando comparado ao tratamento com HNF e inibidor da GP IIb/IIIa, respectivamente.

O ensaio clínico *ISAR-REACT-3*,[9] publicado no *European Heart Journal* em junho de 2008, compara o uso do bivalirudin com HNF. O estudo randomizado, duplo-cego, realizado com o objetivo de avaliar a influência do bivalirudin e da HNF na agregação plaquetária de pacientes, candidatos à angioplastia, pré-tratados com clopidogrel.

Os 100 pacientes foram estratificados para receber bivalirudin ou HNF durante a angioplastia. Os pacientes receberam bivalirudin na dose de 0,75 mg/kg em *bolus* antes da angioplastia, seguido de infusão contínua até o final do procedimento na dose de 1,75 mg/kg/h. A HNF foi administrada em *bolus* na dose de 140 U/kg antes do procedimento, seguido de *bolus* de placebo durante a angioplastia.

O desfecho primário avaliado foi a medida da agregação plaquetária, medida através de LTA e MEA em amostras de sangue coletadas imediatamente antes da angioplastia, após a administração das drogas, e 24 horas após o procedimento.

A administração de bivalirudin resultou em uma supressão adicional da agregação plaquetária. A administração de HNF não obteve influência significativa na agregação. Após 24 horas, a agregação plaquetária era similar nos dois grupos.

3. FONDAPARINUX

A atividade antitrombótica do fondaparinux é o resultado da inibição seletiva do fator Xa mediada pela antitrombina III. Com a neutralização do fator Xa, há a interrupção da cascata da coagulação.

3.1. Em infarto agudo do miocárdio com supraelevação do segmento ST

Dois subestudos do *OASIS 6*,[10, 11] ambos publicados no *European Heart Journal* em fevereiro de 2008, comparam o uso dessa droga com HNF ou placebo. Os estudos foram randomizados, duplo-cego, placebo-controlado com os objetivos, no primeiro, de determinar a eficácia e segurança do tratamento com fondaparinux em pacientes, participantes do *OASIS 6 trial*, com IAM com supra-ST e que foram submetidos à terapia trombolítica. No segundo o objetivo foi determinar a eficácia e a segurança do tratamento com fondaparinux em pacientes, participantes do *OASIS 6 trial*, com IAM com supra-ST e que não foram submetidos a tratamento de reperfusão. Para o primeiro estudo foram selecionados 5.436 pacientes, para o segundo, 1.458.

Os desfechos primários avaliados, morte ou reinfarte em 30 dias, foram os mesmo nos dois ensaios clínicos.

Nos pacientes que receberam terapia trombolítica, o fondaparinux reduziu os desfechos primários em 30 dias (10,9% *vs* 13,6%; RR 0,79; 95% IC 0,68 - 0,92; p = 0,003), com reduções tanto na mortalidade (8,7% *vs* 10,7%; RR 0,80; 95% IC 0,68 - 0,95) quanto no reinfarto (2,8% *vs* 3,8%; RR 0,74; 95% IC 0,54 - 1,00). E nos pacientes que não haviam recebido terapia trombolítica prévia a proporção de morte e reinfarto, em 30 dias, foi menor no grupo tratado com fondaparinux do que no grupo-controle (12,2% *vs* 15,1%; RR 0,80; 95% IC 0,65 - 0,98).

4. HEPARINA

Sabe-se que a terapia antitrombótica tem papel importante na síndrome coronariana aguda sem elevação do segmento ST, particularmente em idosos, e que não se tem consenso de qual terapia antitrombótica é preferível: heparina de baixo peso molecular ou heparina não-fracionada.

O ensaio clínico *SYNERGY*,[12] publicado no *European Heart Journal* em agosto de 2008, compara o uso da heparina com enoxaparina. O estudo foi randomizado, duplo-cego, com o objetivo de avaliar a influência da idade avançada (maior ou igual a 75 anos) nos desfechos em pacientes de alto risco para síndrome coronariana aguda, sem elevação do segmento ST, com o uso de enoxaparina ou heparina não-fracionada.

Os 9.977 pacientes foram distribuídos em três grupos (< 65 anos, 65 a 74 anos, e, > 75 anos) para receberem HNF ou enoxaparina. Os pacientes receberam HNF (*bolus* inicial de 60 U/kg, com máximo de 5.000 U, e infusão de 12 U/Kg/h, com máximo de 1.000 U/h) ou enoxaparina (via subcutânea, 1 mg/kg a cada 12 horas).

O desfecho primário avaliado foi dividido em dois temas: a) eficácia: morte ou IAM nos 30 dias após a randomização; b) segurança: hemorragia intra-hospitalar.

As taxas de mortalidade ou IAM em 30 dias, e mortalidade em um ano, foram superiores nos grupos de maior idade, porém, sem haver diferença na efetividade do tratamento com ambas as heparinas, seja nos pacientes jovens ou nos idosos. Idade avançada foi associada a maior ocorrência de hemorragia, e quanto a esta e à necessidade de transfusões, obteve-se maiores índices (porém sem significância estatística) nos idosos tratados com enoxaparina.

5. CLOPIDOGREL

O clopidogrel é um antagonista do receptor de difosfato de adenosina (ADP), que bloqueia o componente P2Y12 do receptor de ADP e inibe a ativação e agregação plaquetária.

5.1. Em angina estável

O estudo *PRAGUE-8*,[13] publicado no *European Heart Journal* em junho de 2008, comparou os desfechos em pacientes que receberam clopidogrel em diferentes momentos. O estudo foi randomizado, aberto, com o objetivo de comparar dois regimes diferentes de clopidogrel nos desfechos de pacientes submetidos à angiografia coronária eletiva, seguida ou não de intervenção coronária percutânea (PCI).

Os 1.028 pacientes foram alocados em dois grupos: grupo A (clopidogrel 600 mg via oral, mais de seis horas antes da colocação de *bypass* arterial coronariano - CABG), e grupo B (clopidogrel 600 mg via oral, no laboratório de hemodinâmica, após CABG, somente no caso de angioplastia).

Os desfechos primários avaliados foram: primeira ocorrência clínica de angina, morte, IAM periprocedimento, acidente vascular cerebral (AVC) ou ataque isquêmico transitório e reintervenção dentro de sete dias. Os desfechos secundários foram: elevação da troponina periprocedimento (acima de três vezes ULN), fluxo TIMI após angioplastia, complicações de sangramento e cada componente do desfecho primário combinado.

Não houve diferença significativa entre os dois grupos em relação ao desfecho primário. Em relação ao desfecho secundário, a elevação da troponina periprocedimento, acima de três vezes ULN, não apresentou diferença estatística entre os grupos. Os pacientes no grupo A tiveram maior probabilidade de complicações por sangramento, quando comparados com o grupo B (OR 3,03; 95% IC 1,14 - 8,10; p = 0,27). A morte por qualquer causa não apresentou diferença entre os grupos. Quando analisados somente os pacientes submetidos à PCI, não houve diferença no desfecho primário, nem elevação da troponina acima de três vezes ULN, nem piora do fluxo TIMI para menor que três após a PCI, entre os grupos.

O ensaio clínico *RELOAD*,[14] publicado no *Circulation* em setembro de 2008, compara o uso do clopidogrel em diferentes doses de ataque. O estudo não foi randomizado, único-cego, com o objetivo de avaliar o impacto de três estratégias diferentes de administração de uma dose de ataque de 900 mg de clopidogrel, em pacientes já tratados com uma dose de manutenção de 75 mg de clopidogrel por no mínimo sete dias.

Os 166 pacientes foram alocados em três grupos: grupo 1 (dose de ataque de 300 mg de clopidogrel), grupo 2 (dose de ataque de 600 mg de clopidogrel) e grupo 3 (dose de ataque de 900 mg de clopidogrel). Após quatro horas, uma segunda dose de ataque de 600 mg, 300 mg e 0 mg foi administrada para os grupos 1, 2 e 3, respectivamente; de modo que todos os pacientes atingissem a dose total de 900 mg.

O desfecho primário avaliado foi a comparação da inibição residual da agregação plaquetária (IRPA) seis minutos após a indução por 20 µmol/l de ADP em quatro horas, entre 600 e 900 mg de LD1 (dose de ataque 1). Os secundários foram IRPA em 24 horas, taxa da resposta subótima (IRPA < 10%) em quatro horas. Desfecho clínico: morte devido à causa cardiovascular, IAM e AVC em 30 dias.

O desfecho primário foi significativamente maior após a dose de ataque 1, de 900 mg de clopidogrel, comparado com a dose de 600 mg. O maior efeito antiplaquetário da dose de ataque de 900 mg, medida por IRPA com 20 µmol/L de ADP, foi confirmado em 24 horas, quando todas as estratégias de dosagem apresentaram o mesmo efeito antiplaquetário. Não houve diferença entre os três grupos após quatro horas. Não houve diferença clínica entre os três grupos.

5.2. Clopidogrel e prasugrel

Em dois estudos,[15, 16] a comparação entre estes dois fármacos foi favorável ao prasugrel, porém, com esta droga a incidência de efeitos adversos relacionados a sangramentos foi maior.

5.3. Clopidogrel e aspirina

O subestudo do *RECLOSE*,[17] randomizado, publicado no *Journal of the American College of Cardiology* em agosto de 2008, teve como objetivo avaliar a incidência, e a possível associação com eventos trombóticos, da não-responsividade à aspirina e ao clopidogrel em pacientes com *stent* farmacológico.

Os 746 pacientes foram submetidos à angioplastia, com colocação de *stent* farmacológico, e receberam clopidogrel (dose inicial 600 mg e dose de manutenção 75 mg) e aspirina (325 mg).

O desfecho primário avaliado foi trombose, definida ou provável, do *stent* farmacológico nos seis meses de seguimento. O secundário foi mortalidade de causa cardíaca juntamente com trombose de *stent*.

A incidência de não-responsividade dupla à aspirina e ao clopidogrel foi de 6%. Tanto o desfecho primário como o secundário ocorreu de forma estatisticamente significante, mais no grupo não-responsivo à aspirina e ao clopidogrel quando comparado aos demais grupos (não-responsivos a um antiplaquetário isoladamente ou responsivos aos dois).

5.4. Clopidogrel e omeprazol

O estudo *OCLA*,[18] cujo objetivo era avaliar a influência do omeprazol na eficácia do clopidogrel em pacientes com *stent*, demonstrou que os pacientes em uso concomitante das duas drogas têm mais chance de serem maus respondedores ao clopidogrel quando comparados ao placebo.

O ensaio clínico *OCLA*,[18] publicado no *Journal of the American College of Cardiology* em janeiro de 2008, realizado com o objetivo de avaliar a influência do omeprazol na eficácia do clopidogrel, sabendo-se que os inibidores da bomba de prótons reduzem a ação biológica do clopidogrel. O estudo foi randomizado, duplo-cego, placebo-controlado; e demonstrou que os pacientes em uso concomitante das duas drogas têm mais chance de serem maus respondedores ao clopidogrel quando comparados ao placebo.

Os 140 pacientes que recebiam aspirina (75 mg/dia) e clopidogrel (dose de ataque 300 mg, seguido de 75 mg/dia), foram subdivididos em dois grupos: omeprazol (20 mg/dia) ou placebo, por sete dias.

O desfecho primário avaliado foi o valor do índice de reatividade plaquetária (PRI) no sétimo dia de tratamento. Os secundários foram a variação do PRI durante os sete dias de tratamento nos dois grupos, e uma comparação da proporção de pacientes com esse índice abaixo de 50%. O PRI médio, no sétimo dia, foi 39,8% no grupo placebo e 51,4% no grupo omeprazol (p < 0,0001). No sétimo dia, 26,7% dos pacientes foram respondedores pobres (PRI > 50%) no grupo placebo, comparado com 60,9% no grupo omeprazol (p < 0,0001). O *odds ratio* de ser um respondedor pobre ao clopidogrel, quando concomitantemente tratado com omeprazol, foi 4,31 (IC 95% 2,0 - 9,2).

6. TIROFIBAN

O tirofiban é um antagonista reversível do fibrinogênio que bloqueia os receptores da glicoproteína IIb/IIIa.

O ensaio clínico *On-TIME 2*,[19] publicado na revista *Lancet* em agosto de 2008, compara o uso dessa droga com placebo. O estudo foi randomizado, duplo-cego, placebo-controlado, com o objetivo de avaliar se os resultados da angioplastia coronariana pode ser melhorada pela administração precoce de tirofiban no ambiente pré-hospitalar.

Os 984 pacientes foram estratificados para receber tirofiban ou placebo em ambiente pré-hospitalar. Os pacientes receberam tirofiban na dose 25 µg/kg em *bolus* e 0,15 µg/kg/min infusional por 18 horas. O placebo foi administrado em *bolus* seguido por infusão contínua.

O desfecho primário avaliado foi a extensão do desvio residual do segmento ST uma hora após a angioplastia primária. Os secundários foram desfecho combinado de morte, IAM recorrente, revascularização do vaso-alvo urgente, episódio de sinais e sintomas isquêmicos em repouso, com documentação de um novo desvio do segmento ST.

O desvio residual médio do segmento ST, uma hora após a angioplastia primária, foi menor no grupo em que foi administrado tirofiban. O desfecho secundário combinado foi menor no grupo tirofiban, quando comparado com o grupo que utilizou placebo. Não houve diferença em relação a AVC, em 30 dias, e trombocitopenia. A taxa de sangramentos maiores não diferiu entre os dois grupos.

7. IVABRADINA

A ivabradina é um inibidor específico da corrente It do nodo sinoatrial, reduzindo, desta forma, a frequência cardíaca.

No estudo *BEAUTIFUL*,[20] que avaliou a capacidade desta droga em reduzir a incidência de morte cardiovascular e a morbidade em pacientes com doença coronariana e disfunção sistólica, os resultados demonstraram não haver diferenças nos desfechos primários.

O ensaio clínico *BEAUTIFUL*,[20] publicado no *Lancet* em setembro de 2008, compara o uso dessa droga com o uso de placebo. O estudo foi randomizado, duplo-cego, placebo-controlado, com o objetivo de avaliar a ivabradina como redutora da frequência cardíaca em pacientes com doença arterial coronariana e disfunção sistólica do ventrículo esquerdo.

Os 10.917 pacientes foram estratificados para receber ivabradina ou placebo. Os pacientes receberam ivabradina na dose de 5 mg, duas vezes ao dia por via oral, com as doses modificadas de acordo com a frequência cardíaca.

O desfecho primário avaliado foi composto por morte cardiovascular, admissão hospitalar por IAM, e admissão hospitalar para novo episódio ou agravamento de insuficiência cardíaca.

No subgrupo de pacientes com 70 batimentos por minuto (bpm) ou mais não houve diferença significativa nas taxas de morte cardiovascular ou de insuficiência cardíaca em relação ao placebo. As taxas de admissão hospitalar por IAM (fatais e não-fatais) foram reduzidas, assim como as taxas de admissão hospitalar por IAM (fatais e não-fatais) ou angina instável. O tratamento com ivabradina foi associado à redução da revascularização coronariana. A ivabradina não afetou os desfechos primários.

8. CILOSTAZOL

O cilostazol é um inibidor da fosfodiesterase III, causando vasodilatação e inibição da agregação plaquetária.

Sabe-se que os diabéticos possuem plaquetas com níveis reduzidos de cAMP (monofosfato de adenosina cíclico), o qual aumenta o bloqueio do receptor P2Y12 e, além disso, esse grupo está associado a uma menor responsividade à ação dos antagonistas do mesmo receptor, incluindo o clopidogrel. Com isso, esses pacientes possuem maior risco de desenvolver eventos isquêmicos, incluindo a trombose de *stent*, o que é razão para se sugerir a busca de tratamento antiplaquetário mais agressivo nesse contexto.

O ensaio clínico *OPTIMUS-2*,[21] publicado no *European Heart Journal* em setembro de 2008, compara o uso do cilostazol com placebo. O estudo foi randomizado, duplo-cego, placebo-controlado, cruzado, com o objetivo de avaliar o impacto funcional benéfico do tratamento com cilostazol, através do aumento da inibição da sinalização do receptor P2Y12 em pacientes com diabetes tipo 2 e doença arterial coronariana, em uso de terapia antiplaquetária padrão (aspirina e clopidogrel).

Os 25 pacientes foram estratificados para receber cilostazol 100 mg ou placebo (duas vezes ao dia durante 14 dias) com troca (*crossed over treatment*) e uso do novo esquema por mais 14 dias. Completaram o estudo 20 pacientes.

O desfecho primário avaliado foi o índice de reatividade P2Y12 (mensurado no seguimento). Valores menores, estatisticamente significantes, foram obtidos seguindo o tratamento cilostazol *vs* placebo. No grupo que iniciou com placebo, utilizando posteriormente cilostazol, constatou-se uma redução significante do índice de reatividade P2Y12 do placebo para cilostazol. No outro grupo verificou-se aumento, também significante do ponto de vista estatístico, em relação ao mesmo índice. Houve uma taxa de descontinuação do tratamento, de cerca de 15%, em função das reações adversas. O efeito adverso mais comum foi sangramento, no grupo que recebeu cilostazol.

Pelo fato do diabetes ser um importante fator preditor de reestenose, no contexto de utilização de *stent* farmacológico, e sabendo-se que o cilostazol, um fármaco inibidor da fosfodiesterase III com efeitos antiproliferativos, que demonstrou eficácia na redução da hiperplasia da neoíntima e da reestenose, em pacientes após a implantação de *stents* metálicos.

O ensaio clínico *DECLARE-DIABETES trial*,[22] publicado no *Journal of the American College of Cardiology* em março de 2008, compara o uso dessa droga com aspirina e clopidogrel. O estudo foi randomizado, multicêntrico, com o objetivo de avaliar o efeito do cilostazol como redutor da hiperplasia da neoíntima e reestenose em pacientes diabéticos submetidos à implantação de *stent* farmacológico.

Os 400 pacientes foram estratificados para receber *stent* farmacológico com sirolimus ou paclitaxel. Além disso, receberam terapia antiplaquetária tripla (aspirina, clopidogrel e cilostazol) ou dupla (aspirina e clopidogrel). No mínimo 24 horas antes do procedimento, todos os pacientes receberam aspirina (200 mg diariamente) e clopidogrel (300 mg dose inicial e 75 mg/dia) por seis meses. Pacientes do grupo da terapia tripla receberam 200 mg de cilostazol (dose inicial) logo após o procedimento, seguido de 100 mg duas vezes ao dia por seis meses. A angiografia coronariana foi realizada em todos os pacientes.

O desfecho primário avaliado foi a perda tardia do *stent* em seis meses. Os secundários foram perda tardia de seguimento e taxa de reestenose (diâmetro da estenose maior ou igual a 50%) em seis meses, trombose de *stent*, revascularização do vaso-alvo, eventos cardíacos adversos (morte, infarto do miocárdio, revascularização da lesão-alvo) em nove meses. Avaliações de segurança: hemorragia, necessidade de intervenção cirúrgica, reações adversas, incidência de descontinuação do tratamento.

Em seis meses a perda tardia de *stent* e de segmento, assim como reestenose de segmento foi, de forma estatisticamente significante, menor no grupo da terapia antiplaquetária tripla. A ocorrência de revascularização de lesão-alvo foi menor no grupo com cilostazol, havendo, no entanto, maior taxa de reações adversas como *rash* cutâneo e distúrbios gastrintestinais, e com isso, maior descontinuação do tratamento. Em nove meses, houve taxa de eventos cardíacos adversos tendendo a ser maior no grupo da terapia dupla.

Quanto às limitações do presente estudo, acredita-se que pode haver viés quanto às decisões clínicas relacionadas à revascularização da lesão-alvo. O estudo foi *open-label*, o pequeno seguimento angiográfico pode ter subestimado os achados encontrados.

9. CICLOSPORINA

A ciclosporina, por meio da inibição da abertura dos poros de permeabilidade das mitocôndrias, reduziria teoricamente o dano às células cardíacas no momento da reperfusão. Um estudo piloto[23] avaliou esta capacidade da ciclosporina, demonstrando que o grupo que recebeu a droga apresentou área de infarto menor, mas sem diferenças na fração de ejeção e no número de reinternações.

O estudo piloto *Cyclosporine on reperfusion injury in STEMI*,[23] publicado no *New England Journal of Medicine* em julho de 2008, compara o uso dessa droga com placebo. O estudo foi randomizado, duplo-cego, placebo-controlado, multicêntrico, com o objetivo de avaliar a capacidade de a ciclosporina reduzir o dano de reperfusão após angioplastia com colocação de *stent* em pacientes com IAM com supra-ST.

Os 58 pacientes foram estratificados para receber ciclosporina ou solução salina imediatamente antes da angioplastia. Os pacientes receberam ciclosporina na dose de 2,5 mg/kg em *bolus* por via intravenosa ou placebo.

O desfecho primário avaliado foi o tamanho da área de infarto, medido por enzimas cardíacas (troponina I e CK) e por ressonância magnética (RM) no quinto dia pós-IAM. Os secundários foram o número de reinternações e modificação na fração de ejeção do ventrículo esquerdo.

Houve redução da área de infarto, quando medido por CK e por RM, no grupo que recebeu ciclosporina comparada ao grupo placebo. Não houve diferenças na fração de ejeção e no número de reinternações entre os dois grupos.

10. ALTERNATIVAS FARMACOLÓGICAS

10.1. Ácido fólico e vitaminas B6 e B12

Estudos observacionais demonstraram associação entre concentração plasmática de homocisteína e risco de doença arterial coronariana e AVC. Além disso, relatos de algumas coortes demonstraram a homocisteína como forte fator preditor de mortalidade em pacientes com doença arterial coronariana e estenose valvar aórtica.

O ensaio clínico WENBIT,[24] publicado no *JAMA* em agosto de 2008, avalia os efeitos clínicos da diminuição dos níveis de homocisteína plasmática, através do tratamento com ácido fólico e vitaminas B12 e B6, em pacientes com doença arterial coronariana ou estenosa valvar aórtica. O estudo foi randomizado, duplo-cego.

Os 3.096 pacientes foram estratificados em quatro grupos: grupo 1 - ácido fólico (0,8 mg), vitamina B12 (0,4 mg), vitamina B6 (40 mg); grupo 2 - ácido fólico e vitamina B12; grupo 3 - apenas vitamina B6.

O desfecho primário avaliado foi composto de mortalidade por qualquer causa, IAM não-fatal, hospitalização por angina instável, AVC tromboembólico não-fatal. Os secundários foram IAM fatal e não-fatal, hospitalização por angina, angina estável com progressão, procedimentos de revascularização do miocárdio, AVC fatal e não-fatal.

A concentração de homocisteína plasmática total foi reduzida em 30%, após um ano de tratamento, nos grupos recebendo ácido fólico e vitamina B12. Durante uma média de 38 meses, houve maior taxa de desfecho primário com o uso de ácido fólico e com o não-uso de vitamina B6, porém, sem significância estatística. Não foi constatada diferença de resposta de tratamento para os desfechos de morte, IAM total e angina instável separadamente.

Segundo os autores, o uso de vitaminas do complexo B não é recomendado como prevenção secundária em pacientes com doença arterial coronariana.

10.2. Insulina, glicose e potássio

Um estudo[25] analisou os resultados dos estudos *OASIS-6* e *CREATE-ECLA* e constatou que a infusão de glicose-insulina-potássio não gerou efeito clínico favorável, em pacientes com infarto do miocárdio com elevação do segmento ST, podendo ainda, produzir malefício precoce nesses pacientes.

O estudo *Glucose-insulin-potassium therapy*,[25] publicado no *JAMA* em novembro de 2007, analisa os resultados dos estudos *OASIS 6* e *CREATE-ECLA* avaliando a associação entre terapia com infusão de glicose-insulina-potássio e desfechos em pacientes com infarto do miocárdio com elevação do segmento ST. O estudo foi baseado em dois estudos randomizados, controlados.

Os 22.943 pacientes foram estratificados para receber infusão de solução de alta dose de glicose (25%), insulina regular (50 U/l) e potássio (80 mEq/l infundido a 1,5 ml/kg/h durante 24 horas); ou não-infusão. O desfecho primário avaliado foi mortalidade ou insuficiência cardíaca em 3 e 30 dias.

Não houve diferença entre o grupo da infusão de glicose-insulina-potássio e o grupo-controle, em relação à taxa de mortalidade em 30 dias e de insuficiência cardíaca. Em relação à insuficiência cardíaca, no terceiro dia houve aumento estatisticamente não-significante no grupo da infusão, e entre os dias 4 e 30, ocorreu diminuição estatisticamente significante. Envolvendo esse período, menores taxas de mortalidade foram encontradas (estatisticamente não-significantes). A terapia com infusão resultou em aumento dos níveis de glicose, potássio, e ganho de fluido. A administração da infusão dentro de quatro horas do início dos sintomas não produz benefício quando comparado com início tardio da infusão.

10.3. Transplante autólogo de mioblastos

O estudo *MAGIC*,[26] o primeiro ensaio clínico sobre transplante autólogo de mioblastos em pacientes com doença cardíaca isquêmica severa, publicado no *Circulation* em março de 2008, foi um estudo randomizado, duplo-cego, placebo-controlado, multicêntrico, com o objetivo de avaliar se o transplante autólogo de mioblastos é eficaz, como terapia para a melhora da função ventricular esquerda, em pacientes com cardiomiopatia isquêmica.

Os 97 pacientes foram estratificados em três grupos para receber injeção de suspensão celular de mioblastos (de alta dose ou de baixa dose) e placebo.

O desfecho primário avaliado foi alteração, em seis meses, na função global e regional do ventrículo esquerdo (avaliada por ecocardiografia). Os secundários foram taxa, em 30 dias e 6 meses, de eventos adversos cardíacos (mortalidade, infarto do miocárdio, insuficiência cardíaca, morte súbita com reanimação, AVC) e arritmias ventriculares.

Não houve diferença significante entre os grupos em relação à função global ventricular esquerda. O tempo para o primeiro evento adverso cardíaco, assim como para a primeira arritmia, não diferiu significativamente entre os grupos.

10.4. Transplante autólogo de células da medula óssea

O estudo piloto *PROTECT-CAD*,[27] publicado no *European Heart Journal* em dezembro de 2007, tem como objetivo avaliar o papel do transplante autólogo de células da medula óssea (pluripotentes) no miocárdio isquêmico. O estudo foi randomizado, único-cego, placebo-controlado e multicêntrico.

Os 28 pacientes foram estratificados em três grupos, um recebendo alta dose de células da medula óssea (n = 10) - transplante autólogo, outro com baixa dose de células da medula óssea (n = 9), e o terceiro sendo o controle (n = 9) - plasma autólogo.

O desfecho primário avaliado foi a melhora no tempo de teste de esforço (protocolo de *Bruce* modificado). Os secundários foram mudança nas classes funcionais da CCS e da NYHA, perfusão miocárdica e fração de ejeção do ventrículo esquerdo.

Houve melhora de 53%, no grupo que recebeu células da medula óssea, no tempo de teste de esforço, não havendo diferenças entre os grupos de alta e baixa dose; melhora na fração de ejeção no grupo que recebeu células da medula óssea; mudança na classe funcional no grupo de células da medula óssea em relação ao NYHA, porém, o mesmo não foi observado quanto ao CCS.

10.5. Vacina contra o vírus *Influenza*

O ensaio clínico *FLUCAD*,[28] publicado no *European Heart Journal* em junho de 2008, compara o uso dessa vacina com placebo. O estudo foi randomizado, duplo-cego, placebo-controlado, com o objetivo de avaliar o efeito da vacinação contra o vírus *Influenza* nos eventos coronários em pacientes com doença arterial coronariana confirmada. Os 658 pacientes foram estratificados em dois grupos: vacina-placebo e vacina para *Influenza*.

O desfecho primário avaliado foi morte por doença cardiovascular em 12 meses. Os secundários foram: evento cardíaco adverso maior (MACE), que era composto por morte cardiovascular, IAM ou revascularização coronária; e evento coronariano isquêmico, definido como uma combinação do MACE ou hospitalização por isquemia miocárdica, ambos avaliados durante 12 meses.

Não houve diferença estatística no desfecho primário. Em relação ao desfecho secundário MACE, houve uma tendência a melhor sobrevida livre de eventos nos pacientes vacinados em relação aos controles, no entanto, não atingiu significância estatística. A vacinação contra *Influenza* reduziu o risco de evento isquêmico coronário (MACE ou hospitalização por isquemia miocárdica) em comparação ao grupo placebo.

Ref.	Estudo	Hipótese	n	Exposição
1	ISAC-REACT 2	Avaliar se há benefício sustentado, por um ano, com o uso de abciximab em pacientes de alto risco, com IAM sem supra-ST, submetidos à angioplastia e previamente tratados com 600 mg de clopidogrel.	2.022	Abciximab ou placebo em pacientes previamente tratados com 600 mg de clopidogrel para serem submetidos à angioplastia.
2	Abciximab intravenous vs intracoronary in STEMI	A infusão de abciximab por via intracoronária seria mais eficiente do que a aplicada por via venosa em IAM com supra-ST.	154	Abciximab por via intracoronária ou por via intravenosa, seguido de infusão, por 12 horas, de abciximab.
3	Relative safety of abciximab and eptifibatide	Comparar a eficácia do uso de eptifibatide com abciximab nos desfechos de pacientes submetidos à angioplastia por IAM com supra-ST.	3.541	Os dados de todos os pacientes submetidos à PCI, eletiva e não-eletiva, são recolhidos utilizando formulários padronizados para a coleta de dados, aplicados nos hospitais participantes.
4	Subestudo do ACUITY trial	Comparar os desfechos em pacientes com síndrome coronariana aguda sem elevação do segmento ST, recebendo terapia com HNF ou enoxaparina com pacientes que, randomicamente, trocaram do grupo que recebia HNF/enoxaparina para outro, recebendo, então, monoterapia com bivalirudin. Comparar também os desfechos da terapia com heparina vs bivalirudin em pacientes virgens de terapia antitrombótica.	7.104	Pacientes com terapia antitrombótica prévia: continuam com heparina ou trocam para bivalirudin. Pacientes virgens de terapia antitrombolítica: passam a receber heparina ou bivalirudin.
5	Subestudo do ACUITY trial	Determinar o impacto da terapia com bivalirudin, nos desfechos após um ano, em pacientes com síndrome coronariana aguda sem elevação do segmento ST que foram submetidos à angioplastia.	7.789	Os pacientes foram randomizados para receber: heparina (HNF ou enoxaparina) e IGP ou bivalirudin e IGP ou somente bivalirudin.

Desfechos	Resultados
Composto por morte, IAM e revascularização dos vasos acometidos.	A incidência, em um ano, do desfecho primário foi menor no grupo que recebeu abciximab comparado ao placebo (23,3% vs 28,0%) (RR 0,80; 95% IC 0,67 - 0,95; p = 0,012).
Primário: tamanho da área de infarto, medido por enzima cardíaca CK, e obstrução microvascular avaliada por ressonância magnética. **Secundário**: resolução da elevação do segmento ST em 90 minutos, escore TIMI após a angioplastia, e ocorrência de eventos adversos em 30 dias.	A área de infarto foi menor no grupo com abciximab intracoronário comparada ao intravenoso (15% vs 23,4%; p = 0,01, respectivamente). A obstrução microvascular precoce e tardia também foi menor no grupo intracoronário. A porcentagem de resolução da elevação do segmento ST foi maior no grupo intracoronário.
Primário: morte intra-hospitalar. **Secundário**: transfusão pós-procedimento e eventos cardíacos adversos no ambiente intra-hospitalar.	Foram selecionados 2.812 pacientes tratados com eptifibatide e 729 com abciximab. Não houve diferenças quanto aos desfechos angiográficos e os demais desfechos. Houve maior incidência de sangramentos gastrintestinais no grupo do abciximab.
Analisados em 30 dias: relacionados à isquemia (morte, infarto do miocárdio, revascularização não-planejada). Sangramentos não-relacionados à cirurgia coronariana e transfusão sanguínea. Desfechos clínicos: compreendem todos os desfechos acima.	**Pacientes com terapia antitrombótica prévia:** não houve diferença para os índices de isquemia, tanto no grupo que trocou para bivalirudin (6,9%), quanto no grupo que continuou com HNF ou enoxaparina (7,4%) (RR 0,93; 95% IC 0,75 - 1,16; p = 0,52). Houve 51% menos sangramento no grupo bivalirudin (2,8%) vs heparina (5,8%) (RR 0,49; 95% IC 0,36 - 0,66; p < 0,01). Houve menos transfusões no grupo bivalirudin (1,5%) vs heparina (2,6%) (RR 0,60; 95% IC 0,39 - 0,92; p = 0,02). Desfechos clínicos foram melhores no grupo bivalirudin (9,2%) vs heparina (11,9%) (RR 0,77; 95% IC 0,65 - 0,92; p < 0,01). **Pacientes virgens de terapia antitrombótica:** os pacientes do grupo bivalirudin tiveram índices similares de isquemia (6,2% vs 5,5%; RR 1,11; 95% IC 0,83 - 1,49; p = 0,47), menos sangramentos (2,5% vs 4,9%; RR 0,52; 95% IC 0,35 - 0,77; p < 0,01), menos transfusões (1,1% vs 2,4%; RR 0,44; 95% IC 0,24 - 0,80; p < 0,01) e similares desfechos clínicos (8,0% vs 9,4%; RR 0,85; 95% IC 0,67 - 1,07; p = 0,17) quando comparados ao grupo que recebeu heparina (HNF ou enoxaparina).
Relacionados à isquemia (morte, infarto do miocárdio, revascularização não-planejada). Mortalidade em um ano.	Após um ano não foram encontradas diferenças, em eventos relacionados à isquemia, entre os três grupos: heparina (HNF ou enoxaparina) e IGP ou bivalirudin e IGP ou somente bivalirudin (17,8% vs 19,4% vs 19,2%; p = não-significante). Em relação à mortalidade, também não foram encontradas diferenças (3,2% vs 3,3% vs 3,1%; p = não-significante).

Ref.	Estudo	Hipótese	n	Exposição
6	*Subestudo do ACUITY trial*	Determinar os desfechos relacionados à isquemia, durante um ano, nos pacientes participantes do *ACUITY trial* (pacientes com síndrome coronariana aguda sem elevação do segmento ST).	13.819	Os pacientes foram randomizados para receber: heparina (HNF ou enoxaparina) e IGP, ou bivalirudin e IGP, ou somente bivalirudin.
7	*Subestudo do ACUITY trial*	Avaliar os desfechos clínicos dos pacientes com *diabetes mellitus* que participaram do *ACUITY trial* (pacientes com síndrome coronariana aguda sem elevação do segmento ST). Analisar os pacientes em comparação aos não-diabéticos e entre os diferentes braços de tratamento aos quais foram randomizados.	3.852	Os pacientes foram randomizados para receber: heparina (HNF ou enoxaparina) e IGP ou bivalirudin e IGP ou somente bivalirudin.
8	*Subestudo do HORIZONS-AMI*	Avaliar o valor clínico do tratamento com bivalirudin em pacientes com IAM com supra-ST.	3.602	Tratamento com HNF e IGP (grupo-controle) ou somente bivalirudin.
9	*Subestudo do ISAR-REACT-3*	Avaliar a influência do bivalirudin e da HNF na agregação plaquetária de pacientes candidatos à angioplastia pré-tratados com clopidogrel.	100	Pacientes pré-tratados com 600 mg de clopidogrel, receberam HNF ou bivalirudin durante angioplastia.
10	*Subestudo do OASIS 6*	Determinar a eficácia e segurança do tratamento com fondaparinux em pacientes participantes do *OASIS 6 trial*, com IAM com supra-ST e que foram submetidos à terapia trombolítica.	5.436	Pacientes randomizados para terapia com fondaparinux ou terapia usual (HNF ou placebo - grupo-controle).

Desfechos	Resultados
Relacionados à isquemia (morte, infarto do miocárdio e revascularização não-planejada) em um ano.	Os desfechos relacionados à isquemia ocorreram em 15,4% dos pacientes recebendo heparina e IGP e 16,0% dos que receberam bivalirudin e IGP (RR 1,05; 95% IC 0,95 - 1,16; p = 0,35), e em 16,2% dos pacientes recebendo somente bivalirudin (RR 1,06; 95% IC 0,95 - 1,17; p = 0,29).
Analisados em 30 dias: relacionados à isquemia (morte, infarto do miocárdio, revascularização não-planejada). Sangramentos não-relacionados com a cirurgia coronariana e transfusão sanguínea. Desfechos clínicos: compreendem todos os desfechos acima.	Comparados com os pacientes não-diabéticos, os pacientes diabéticos tiveram, em 30 dias, índices maiores de desfechos clínicos adversos (12,9% vs 10,6%; p = 0,001), relacionados à isquemia (8,7% vs 7,2%; p = 0,003) e relacionados a sangramentos (5,7% vs 4,2%; p = 0,001). Na comparação entre os tratamentos recebidos pelos diabéticos, bivalirudin e IGP resultou em índices similares de desfechos clínicos, quando comparado com heparina e IGP (13,8% vs 14,0%; p = 0,89). Monoterapia com bivalirudin resultou em índices similares de isquemia (7,9% vs 8,9%; p = 0,39), menos sangramentos (3,7% vs 7,1%; p < 0,001), levando a menos desfechos clínicos adversos (10,9% vs 13,8%; p = 0,02).
Primários: sangramentos e eventos clínicos adversos (sangramentos e eventos cardiovasculares, incluindo morte, reinfarto, revascularização por isquemia e AVC) em 30 dias.	Comparado com a terapia com HNF e IGP, bivalirudin sozinho resultou, em 30 dias, em índices menores de eventos clínicos adversos (9,2% vs 12,1%; RR 0,76; IC 0,63 - 0,92; p = 0,005) devido a uma menor taxa de sangramento (4,9% vs 8,3%; RR 0,60; IC 0,46 - 0,77, p < 0,001). O tratamento com bivalirudin resultou em índices menores de morte por causa cardíaca (1,8% vs 2,9%; RR 0,62; IC 0,40 - 0,95; p = 0,03) e morte por todas as causas (2,1% vs 3,1%; RR 0,66; IC 0,44 - 1,00; p = 0,047), quando comparado com o tratamento com HNF e IGP, respectivamente.
Agregação plaquetária (medida através de LTA e MEA em amostras de sangue coletadas imediatamente antes da angioplastia, após a administração das drogas, e 24 horas após o procedimento).	A administração de bivalirudin resultou em uma supressão adicional da agregação plaquetária. A administração de HNF não obteve influência significativa na agregação. Após 24 horas, a agregação plaquetária foi similar nos dois grupos.
Primários: Morte ou reinfarto em 30 dias.	Comparado com a terapia usual, fondaparinux reduziu os desfechos primários em 30 dias (10,9% vs 13,6%; RR 0,79; 95% IC 0,68 - 0,92; p = 0,003), com reduções tanto na mortalidade (8,7% vs 10,7%; RR 0,80; 95% IC 0,68 - 0,95) quanto no reinfarto (2,8% vs 3,8%; RR 0,74; 95% IC 0,54 - 1,00).

Ref.	Estudo	Hipótese	n	Exposição
11	*Subestudo do OASIS 6*	Determinar a eficácia e segurança do tratamento com fondaparinux em pacientes participantes do *OASIS 6 trial*, com IAM com supra-ST e que não foram submetidos a tratamento de reperfusão.	2.867	Pacientes randomizados para terapia com fondaparinux ou terapia usual (HNF ou placebo - grupo-controle).
12	*Subestudo do SYNERG*	Influência da idade avançada (maior ou igual a 75 anos) nos desfechos em pacientes de alto risco para síndrome coronariana aguda, sem elevação do segmento ST, com o uso de enoxaparina ou heparina não-fracionada.	9.977	Heparina não-fracionada (*bolus* inicial de 60 U/kg com máximo de 5.000 U e infusão de 12 U/kg/h com máximo de 1.000 U/h) ou enoxaparina (via subcutânea, 1 mg/kg a cada 12 horas).
13	*PRAGUE-8*	Comparar dois regimes diferentes de clopidogrel, nos desfechos de pacientes submetidos à angiografia coronária (CAG) eletiva seguida ou não, de intervenção coronária percutânea (PCI).	1.028	Dois grupos: grupo A (clopidogrel 600 mg, mais de seis horas antes da CAG) e grupo B (clopidogrel 600 mg no laboratório de hemodinâmica, após CAG, somente no caso de PCI).
14	*RELOAD*	Avaliar o impacto de três estratégias diferentes de administração de uma dose de ataque de 900 mg de clopidogrel em pacientes já tratados, com uma dose de manutenção de 75 mg de clopidogrel por no mínimo sete dias, de agregação plaquetária residual.	166	Três grupos: grupo 1 (dose de ataque de 300 mg de clopidogrel), grupo 2 (dose de ataque de 600 mg de clopidogrel) e grupo 3 (dose de ataque de 900 mg de clopidogrel). Após quatro horas, uma segunda dose de ataque de 600 mg, 300 mg e 0 mg eram administradas para o grupo 1, 2 e 3, respectivamente; de maneira que todos atingissem a dose total de 900 mg.

Desfechos	Resultados
Primários: Morte ou reinfarto em 30 dias.	A proporção de morte e reinfarto em 30 dias foi menor no grupo tratado com fondaparinux do que no grupo-controle (12,2% vs 15,1%; RR 0,80; 95% IC 0,65 - 0,98).
Primários: dividido em dois temas: a) *eficácia*: morte ou IAM nos 30 dias após a randomização; b) *segurança*: hemorragia intra-hospitalar.	As taxas de mortalidade ou IAM, em 30 dias, e mortalidade, em um ano, foram superiores nos grupos de maior idade, porém sem haver diferença na efetividade do tratamento com ambas as heparinas, tanto nos pacientes jovens como idosos. Idade avançada foi associada com maior ocorrência de hemorragia, em relação à necessidade de transfusões, obteve-se maiores índices, porém sem significância estatística, nos idosos tratados com enoxaparina.
Primário: primeira ocorrência clínica de angina, morte, IAM periprocedimento, AVC ou ataque isquêmico transitório, reintervenção dentro de sete dias. **Secundário**: elevação da troponina periprocedimento (acima de três vezes ULN), fluxo TIMI após PCI, complicações de sangramento e cada componente do desfecho primário combinado.	Não houve diferença significativa entre os dois grupos em relação ao desfecho primário. Em relação ao desfecho secundário, a elevação da troponina periprocedimento, acima de três vezes ULN, não apresentou diferença estatística entre os grupos. Os pacientes no grupo A tiveram maior probabilidade de complicações por sangramento quando comparados com o grupo B (OR 3,03; 95% IC 1,14 - 8,10; p = 0,27). A morte por qualquer causa, não apresentou diferença entre os grupos. Quando analisados somente os pacientes submetidos à PCI, não houve diferença no desfecho primário, nem elevação da troponina acima de três vezes ULN e nem piora do fluxo TIMI, para menor que três após PCI, entre os grupos.
Primário: comparação da inibição residual da agregação plaquetária (IRPA) seis minutos após a indução por 20 μmol/l de ADP em quatro horas entre 600 e 900 mg de LD1 (dose de ataque 1). **Secundário**: IRPA em 24 horas, taxa da resposta subótima (IRPA < 10%) em quatro horas. **Desfecho clínico**: morte por causa cardiovascular, IAM e AVC em 30 dias.	O desfecho primário foi significativamente maior após a dose de ataque 1, de 900 mg de clopidogrel, comparado com a dose de 600 mg. O maior efeito antiplaquetário da dose de ataque de 900 mg, medida por IRPA com 20 μmol/L de ADP, foi confirmado em 24 horas, quando todas as estratégias de dosagem apresentaram o mesmo efeito antiplaquetário. Não houve diferença entre os três grupos após quatro horas. Não houve diferença clínica entre os três grupos.

Ref.	Estudo	Hipótese	n	Exposição
15	**TRITON TIMI 38**	Terapia antiplaquetária para reduzir eventos isquêmicos em pacientes tratados com PCI e *stent* no IAM.	12.844	Dose (prasugrel 60 mg ou clopidogrel 300 mg), seguido pela terapia de manutenção diária (prasugrel 10 mg ou 75 mg de clopidogrel). Todos os pacientes receberam aspirina.
16	**Prasugrel vs clopidogrel**	Uso de prasugrel e clopidogrel em pacientes com síndrome coronariana aguda e intervenção coronária percutânea agendada + utilização de um agente que produz um nível mais elevado de inibição da adenosina difosfato - indutora da agregação plaquetária - e um menor grau de resposta variável dose-padrão do que o clopidogrel reduz eventos isquêmicos.	13.608	Dose de 60 mg de prasugrel ou 300 mg de clopidogrel) foi administrada a qualquer momento entre a randomização e uma hora depois de sair do laboratório de cateterismo cardíaco.
17	**Subestudo do RECLOSE**	Incidência e possível associação com eventos trombóticos da não-responsividade à aspirina e ao clopidogrel em pacientes com *stent* farmacológico.	746	Clopidogrel (dose inicial 600 mg e dose de manutenção 75 mg) e aspirina (325 mg).
18	**OCLA**	Avaliar a influência do omeprazol na eficácia do clopidogrel, sabendo-se que os inibidores da bomba de prótons reduzem a ação biológica do clopidogrel.	140	Pacientes que recebiam aspirina (75 mg/dia), e clopidogrel (dose de ataque 300 mg, seguido de 75 mg/dia), foram divididos em dois grupos: omeprazol (20 mg/dia) ou placebo, por sete dias.
19	**On-TIME 2**	Investigar se os resultados da angioplastia coronária podem ser melhorados pela administração precoce de tirofiban no ambiente pré-hospitalar.	984	Dois grupos: tratamento com tirofiban ou placebo.

Desfechos	Resultados
Primário: morte cardiovascular, infarto do miocárdio não-fatal, ou derrame não-fatal; todas as causas de morte, infarto do miocárdio não-fatal, derrame não-fatal, sangramento não-relacionado com *bypass* na artéria coronária.	Houve uma redução dos desfechos primários no grupo prasugrel. Tratamento com prasugrel resultou em significativa redução de eventos isquêmicos comparado com clopidogrel em pacientes com síndrome coronariana aguda submetidos à intervenção coronária percutânea com maior sangramento. Houve menor taxa de trombose no *stent*, tanto precoce quanto tardia, com prasugrel.
Primário: composto por taxa de morte por causas cardiovasculares, infarto do miocárdio não-fatal ou derrame não-fatal durante o período de acompanhamento. **Secundário**: morte por causas cardiovasculares, infarto do miocárdio não-fatal, ou urgente revascularização; trombose e morte por causas cardiovasculares, infarto do miocárdio não-fatal, derrame não-fatal, ou re-hospitalização devido a um evento isquêmico cardíaco.	Não houve diferença significativa nos níveis de agregação plaquetária máxima nos primeiros 30 minutos após administração de baixa dose. Após duas horas, houve uma redução significativa com prasugrel. Uma maior inibição da adenosina difosfato - indutora da agregação plaquetária - através do esquema testado de prasugrel, um potente inibidor oral da P2Y12, é mais eficaz para prevenir eventos isquêmicos do que o regime com clopidogrel. Porém esse efeito benéfico é acompanhado por um aumento da taxa de sangramento. A incidência de eventos adversos foi semelhante para ambos os esquemas terapêuticos. No entanto, a incidência de eventos relacionados à hemorragia, principalmente punção venosa, foi maior com o regime prasugrel.
Primário: trombose definida ou provável do *stent* farmacológico nos seis meses de seguimento. **Secundário**: composto de mortalidade de causa cardíaca, juntamente com trombose de *stent*.	A incidência de não-responsividade dupla à aspirina e ao clopidogrel foi de 6%. Tanto o desfecho primário como o secundário ocorreu de forma estatisticamente significante, mais no grupo não-responsivo à aspirina e ao clopidogrel, quando comparado aos demais grupos (não-responsivos a um antiplaquetário isoladamente ou responsivos aos dois).
Primário: valor do índice de reatividade plaquetária (PRI) no sétimo dia de tratamento. **Secundário**: variação do PRI, durante os sete dias de tratamento nos dois grupos, e uma comparação da proporção de pacientes com esse índice abaixo de 50%.	O PRI médio no sétimo dia foi de 39,8% no grupo placebo e 51,4% no grupo omeprazol ($p < 0,0001$). No sétimo dia 26,7% dos pacientes foram respondedores pobres (PRI > 50%) no grupo placebo, comparado com 60,9% no grupo omeprazol ($p < 0,0001$). O *odds ratio* de ser um respondedor pobre ao clopidogrel, quando concomitantemente tratado com omeprazol, foi de 4,31 (IC 95%, 2 - 9,2).
Primário: extensão do desvio residual do segmento ST uma hora após a angioplastia primária. **Secundário**: desfecho combinado de morte, IAM recorrente, revascularização do vaso-alvo urgente. Episódio de sinais e sintomas isquêmicos em repouso, com documentação de um novo desvio do segmento ST.	O desvio residual médio do segmento ST, uma hora após angioplastia primária, foi menor no grupo em que foi administrado tirofiban. O desfecho secundário combinado foi menor no grupo tirofiban quando comparado com o placebo. A taxa de sangramento maior não diferiu entre os dois grupos. Não houve diferença em AVC, em 30 dias, e trombocitopenia.

Ref.	Estudo	Hipótese	n	Exposição
20	**BEATIFUL**	Ivabradina como redutora da frequência cardíaca em pacientes com doença arterial coronariana e disfunção sistólica do ventrículo esquerdo.	10.917	Ivabradina ou placebo 5 mg, 2x/dia, VO, com as doses modificadas de acordo com a frequência cardíaca.
21	**OPTIMUS -2**	Impacto funcional benéfico do tratamento com cilostazol, através do aumento da inibição da sinalização do receptor P2Y12, em pacientes diabéticos tipo 2 com doença arterial coronariana, em uso de terapia antiplaquetária padrão (aspirina e clopidogrel).	25	Cilostazol 100 mg ou placebo (duas vezes ao dia durante 14 dias) com troca (*crossed over treatment*) e uso do novo esquema por mais 14 dias.
22	**DECLARE - DIABETES**	Efeito do cilostazol como redutor da hiperplasia da neoíntima e reestenose em pacientes diabéticos submetidos à implantação de *stent* farmacológico.	400	*Stent* sirolimus ou paclitaxel. Terapia antiplaquetária tripla (aspirina, clopidogrel e cilostazol) ou dupla (aspirina e clopidogrel). No mínimo 24 horas antes do procedimento, todos os pacientes receberam aspirina (200 mg/dia) e clopidogrel (300 mg dose inicial e 75 mg/dia por seis meses). Pacientes do grupo da terapia tripla receberam 200 mg de cilostazol (dose inicial) logo após o procedimento, seguido de 100 mg duas vezes ao dia por seis meses. Angiografia coronariana em todos os pacientes.
23	**Cyclosporine on reperfusion injury in STEMI**	Ciclosporina reduziria o dano de reperfusão após angioplastia com colocação de *stent* em pacientes com IAM com supra-ST.	58	Ciclosporina em *bolus* 2,5 mg/kg, por acesso venoso antecubital, ou placebo com solução salina.

Desfechos	Resultados
Primário: composto por morte cardiovascular, admissão hospitalar por IAM e admissão hospitalar para novo aparecimento ou agravamento da insuficiência cardíaca.	Subgrupo pacientes com 70 bpm ou mais: não houve diferença significativa nas taxas de morte cardiovascular ou de insuficiência cardíaca. As taxas de admissão hospitalar por IAM (fatal e não-fatal) foram reduzidas, assim como as taxas de admissão hospitalar por IAM (fatal e não-fatal) ou angina instável. O tratamento com ivabradina foi associado com redução da revascularização coronariana. Ivabradina não afetou desfechos primários.
Primário: índice de reatividade P2Y12 (mensurado no seguimento).	Valores menores estatisticamente significantes foram obtidos seguindo o tratamento cilostazol *vs* placebo. No grupo que iniciou com placebo, utilizando posteriormente cilostazol, constatou-se uma redução significante do índice de reatividade P2Y12 do placebo para cilostazol. No outro grupo, do cilostazol para o placebo, verificou-se aumento, também significante do ponto de vista estatístico, em relação ao mesmo índice. Houve uma taxa de descontinuação do tratamento de cerca de 15%, em função das reações adversas.
Primários: perda tardia do *stent* em seis meses. **Secundários**: perda tardia de segmento e taxa de reestenose (diâmetro da estenose maior ou igual a 50%) em seis meses, trombose de *stent*, revascularização do vaso-alvo, eventos cardíacos adversos (morte, infarto do miocárdio, revascularização da lesão-alvo) em nove meses. **Avaliações de segurança**: hemorragia, necessidade de intervenção cirúrgica, reações adversas, incidência de descontinuação do tratamento.	Em seis meses a perda tardia de *stent* e de segmento, assim como reestenose de segmento foi, de forma estatisticamente significante, menor no grupo da terapia antiplaquetária tripla. A ocorrência de revascularização de lesão-alvo foi menor no grupo com cilostazol, havendo, no entanto, maior taxa de reações adversas como *rash* cutâneo e distúrbios gastrintestinais com os pacientes desse grupo, e com isso, maior descontinuação do tratamento. Em nove meses, houve taxa de eventos cardíacos adversos tendendo a ser maior no grupo da terapia dupla.
Tamanho da área de infarto medido por enzimas cardíacas (troponina I e CK) e por ressonância magnética, no quinto dia pós-IAM.	Redução da área de infarto quando medido por CK e por RM no grupo ciclosporina comparada ao grupo placebo. Não houve diferença na fração de ejeção e no número de reinternações.

Ref.	Estudo	Hipótese	n	Exposição
24	**WENBIT**	Efeitos clínicos da diminuição dos níveis de homocisteína plasmática, através do tratamento com ácido fólico e vitaminas B12 e B6, em pacientes com doença arterial coronariana ou estenosa valvar aórtica.	3.096	Quatro grupos: 1) ácido fólico (0,8 mg), vitamina B12 (0,4 mg), vitamina B6 (40 mg); 2) ácido fólico e vitamina B12; 3) apenas vitamina B6; 4) placebo.
25	**Glucose-insulin-potassium therapy**	Associação entre terapia com infusão de glicose-insulina-potássio e desfechos em pacientes com infarto do miocárdio com elevação do segmento ST.	22.943	Infusão de solução de alta dose de glicose--insulina-potássio (25% de glicose, 50 U/l de insulina regular, 80 mEq/l de potássio infundido a 1,5 ml/kg/h durante 24 horas); ou não-infusão.
26	**MAGIC**	Transplante autólogo de mioblastos como meio de melhora da função ventricular esquerda em pacientes com cardiomiopatia isquêmica.	97	Injeção de suspensão celular de mioblastos (de alta dose ou de baixa dose) e solução de placebo.
27	**PROTECT-CAD**	Células da medula óssea podem induzir a angiogênese em áreas de miocárdio isquêmico, em sujeitos com doença coronariana severa, quando implantadas diretamente no músculo cardíaco.	28	Três grupos, um recebendo alta dose de células da medula óssea (transplante autólogo), outro com baixa dose, e o terceiro sendo o controle (plasma autólogo).
28	**FLUCAD**	Avaliar o efeito da vacinação contra o vírus *Influenza* nos eventos coronários em pacientes com doença arterial coronariana confirmada	658	Dois grupos: vacina--placebo e vacina para *Influenza*.

Desfechos	Resultados
Primários: composto de mortalidade por qualquer causa, IAM não-fatal, hospitalização por angina instável, AVC tromboembólico não-fatal. **Secundários**: IAM fatal e não-fatal, hospitalização por angina, angina estável com progressão, procedimento de revascularização do miocárdio, AVC fatal e não-fatal.	A concentração de homocisteína plasmática total foi reduzida em 30%, após um ano de tratamento, nos grupos recebendo ácido fólico e vitamina B12. Durante uma média de 38 meses, houve maior taxa de desfecho primário, com o uso de ácido fólico e com o não-uso de vitamina B6 (porém sem significância estatística). Não foi constatada diferença de reposta de tratamento para os desfechos de morte, IAM total e angina instável, separadamente.
Mortalidade ou insuficiência cardíaca em 3 e 30 dias.	Não houve diferenças entre o grupo da infusão de glicose-insulina-potássio e o grupo-controle, em relação à taxa de mortalidade em 30 dias, e de insuficiência cardíaca. Em relação a esta, até o terceiro dia, houve aumento estatisticamente não-significante no grupo da infusão, e entre os dias 4 e 30, ocorreu diminuição estatisticamente significante. Envolvendo esse período, menores taxas de mortalidade foram encontradas (estatisticamente não-significantes). A terapia com infusão resultou em aumento dos níveis de glicose, potássio, e ganho de fluido. A administração da infusão dentro de quatro horas do início dos sintomas não produz benefício quando comparado com início tardio da infusão.
Primários: alterações em seis meses na função global e regional do ventrículo esquerdo (avaliada por ecocardiografia). **Segurança**: taxa, em 30 dias e seis meses, de eventos adversos cardíacos (mortalidade, infarto do miocárdio, insuficiência cardíaca, morte súbita com reanimação, AVC); arritmias ventriculares.	Não houve diferença significante entre os grupos em relação à função global ventricular esquerda. O tempo para o primeiro evento adverso cardíaco, assim como para a primeira arritmia, não diferiu significativamente entre os grupos.
Primário: melhora no tempo de teste de esforço (protocolo de *Bruce* modificado). **Secundário**: mudança nas classes funcionais da CCS e da NYHA, perfusão miocárdica e fração de ejeção do ventrículo esquerdo.	Melhora de 53%, no grupo que recebeu células de medula óssea, no tempo de teste de esforço, não havendo diferenças entre os grupos de alta e baixa dose. Melhora na fração de ejeção no grupo que recebeu células da medula óssea. Mudanças na classe funcional, no grupo de células da medula óssea, em relação ao NYHA, porém o mesmo não foi observado quanto ao CCS.
Primário: morte por doença cardiovascular em 12 meses. **Secundário**: evento cardíaco adverso maior (MACE), que era composto por morte cardiovascular, IAM, ou revascularização coronária; e evento coronariano isquêmico, definido como uma combinação do MACE ou hospitalização por isquemia miocárdica, ambos avaliados durante 12 meses.	Não houve diferença estatística no desfecho primário. Em relação ao desfecho secundário MACE houve uma tendência a melhor sobrevida livre de eventos, nos pacientes vacinados em relação aos controles, no entanto, não atingiu significância estatística. A vacinação contra *Influenza* reduziu o risco de evento isquêmico coronário (MACE ou hospitalização por isquemia miocárdica) em comparação ao grupo placebo.

Referências Bibliográficas

[1] Ndrepepa G, Kastrati A, Mehilli J, Neumann FJ, ten Berg J, Bruskina O, et al. One-year clinical outcomes with abciximab vs placebo in patients with non-ST-segment elevation acute coronary syndromes undergoing percutaneous coronary intervention after pre-treatment with clopidogrel: results of the ISAR-REACT 2 randomized trial. European heart journal. 2008 Feb; 29(4):455-61.

[2] Thiele H, Schindler K, Friedenberger J, Eitel I, Furnau G, Grebe E, et al. Intracoronary compared with intravenous bolus abciximab application in patients with ST-elevation myocardial infarction undergoing primary percutaneous coronary intervention: the randomized Leipzig immediate percutaneous coronary intervention abciximab IV versus IC in ST-elevation myocardial infarction trial. Circulation. 2008 Jul 1; 118(1):49-57.

[3] Gurm HS, Smith DE, Collins JS, Share D, Riba A, Carter AJ, et al. The relative safety and efficacy of abciximab and eptifibatide in patients undergoing primary percutaneous coronary intervention: insights from a large regional registry of contemporary percutaneous coronary intervention. Journal of the American College of Cardiology. 2008 Feb 5; 51(5):529-35.

[4] White HD, Chew DP, Hoekstra JW, Miller CD, Pollack CV, Jr., Feit F, et al. Safety and efficacy of switching from either unfractionated heparin or enoxaparin to bivalirudin in patients with non-ST-segment elevation acute coronary syndromes managed with an invasive strategy: results from the ACUITY (Acute Catheterization and Urgent Intervention Triage strategY) trial. Journal of the American College of Cardiology. 2008 May 6; 51(18):1734-41.

[5] White HD, Ohman EM, Lincoff AM, Bertrand ME, Colombo A, McLaurin BT, et al. Safety and efficacy of bivalirudin with and without glycoprotein IIb/IIIa inhibitors in patients with acute coronary syndromes undergoing percutaneous coronary intervention 1-year results from the ACUITY (Acute Catheterization and Urgent Intervention Triage strategY) trial. Journal of the American College of Cardiology. 2008 Sep 2; 52(10):807-14.

[6] Stone GW, Ware JH, Bertrand ME, Lincoff AM, Moses JW, Ohman EM, et al. Antithrombotic strategies in patients with acute coronary syndromes undergoing early invasive management: one-year results from the ACUITY trial. Jama. 2007 Dec 5; 298(21):2497-506.

[7] Feit F, Manoukian SV, Ebrahimi R, Pollack CV, Ohman EM, Attubato MJ, et al. Safety and efficacy of bivalirudin monotherapy in patients with diabetes mellitus and acute coronary syndromes: a report from the ACUITY (Acute Catheterization and Urgent Intervention Triage Strategy) trial. Journal of the American College of Cardiology. 2008 Apr 29; 51(17):1645-52.

[8] Stone GW, Witzenbichler B, Guagliumi G, Peruga JZ, Brodie BR, Dudek D, et al. Bivalirudin during primary PCI in acute myocardial infarction. The New England journal of medicine. 2008 May 22; 358(21):2218-30.

[9] Sibbing D, Busch G, Braun S, Jawansky S, Schomig A, Kastrati A, et al. Impact of bivalirudin or unfractionated heparin on platelet aggregation in patients pretreated with 600 mg clopidogrel undergoing elective percutaneous coronary intervention. European heart journal. 2008 Jun; 29(12):1504-9.

[10] Peters RJ, Joyner C, Bassand JP, Afzal R, Chrolavicius S, Mehta SR, et al. The role of fondaparinux as an adjunct to thrombolytic therapy in acute myocardial infarction: a subgroup analysis of the OASIS-6 trial. European heart journal. 2008 Feb; 29(3):324-31.

[11] Oldgren J, Wallentin L, Afzal R, Bassand JP, Budaj A, Chrolavicius S, et al. Effects of fondaparinux in patients with ST-segment elevation acute myocardial infarction not receiving reperfusion treatment. European heart journal. 2008 Feb; 29(3):315-23.

[12] Lopes RD, Alexander KP, Marcucci G, White HD, Spinler S, Col J, et al. Outcomes in elderly patients with acute coronary syndromes randomized to enoxaparin vs unfractionated heparin: results from the SYNERGY trial. European heart journal. 2008 Aug; 29(15):1827-33.

[13] Widimsky P, Motovska Z, Simek S, Kala P, Pudil R, Holm F, et al. Clopidogrel pre-treatment in stable angina: for all patients > 6 h before elective coronary angiography or only for angiographically selected patients a few minutes before PCI? A randomized multicentre trial PRAGUE-8. European heart journal. 2008 Jun; 29(12):1495-503.

[14] Collet JP, Silvain J, Landivier A, Tanguy ML, Cayla G, Bellemain A, et al. Dose effect of clopidogrel reloading in patients already on 75-mg maintenance dose: the Reload with Clopidogrel Before Coronary Angioplasty in Subjects Treated Long Term with Dual Antiplatelet Therapy (RELOAD) study. Circulation. 2008 Sep 16; 118(12):1225-33.

[15] Wiviott SD, Braunwald E, McCabe CH, Horvath I, Keltai M, Herrman JP, et al. Intensive oral antiplatelet therapy for reduction of ischaemic events including stent thrombosis in patients with acute coronary syndromes treated with percutaneous coronary intervention and stenting in the TRITON-TIMI 38 trial: a subanalysis of a randomised trial. Lancet. 2008 Apr 19; 371(9621):1353-63.

[16] Wiviott SD, Braunwald E, McCabe CH, Montalescot G, Ruzyllo W, Gottlieb S, et al. Prasugrel versus clopidogrel in patients with acute coronary syndromes. The New England journal of medicine. 2007 Nov 15; 357(20):2001-15.

[17] Gori AM, Marcucci R, Migliorini A, Valenti R, Moschi G, Paniccia R, et al. Incidence and clinical impact of dual nonresponsiveness to aspirin and clopidogrel in patients with drug-eluting stents. Journal of the American College of Cardiology. 2008 Aug 26; 52(9):734-9.

[18] Gilard M, Arnaud B, Cornily JC, Le Gal G, Lacut K, Le Calvez G, et al. Influence of omeprazole on the antiplatelet action of clopidogrel associated with aspirin: the randomized, double-blind OCLA (Omeprazole CLopidogrel Aspirin) study. Journal of the American College of Cardiology. 2008 Jan 22; 51(3):256-60.

[19] Van't Hof AW, Ten Berg J, Heestermans T, Dill T, Funck RC, van Werkum W, et al. Prehospital initiation of tirofiban in patients with ST-elevation myocardial infarction undergoing primary angioplasty (On-TIME 2): a multicentre, double-blind, randomised controlled trial. Lancet. 2008 Aug 16; 372(9638):537-46.

[20] Fox K, Ford I, Steg PG, Tendera M, Ferrari R. Ivabradine for patients with stable coronary artery disease and left-ventricular systolic dysfunction (BEAUTIFUL): a randomised, double-blind, placebo-controlled trial. Lancet. 2008 Sep 6; 372(9641):807-16.

[21] Angiolillo DJ, Capranzano P, Goto S, Aslam M, Desai B, Charlton RK, et al. A randomized study assessing the impact of cilostazol on platelet function profiles in patients with diabetes mellitus and coronary artery disease on dual antiplatelet therapy: results of the OPTIMUS-2 study. European heart journal. 2008 Sep; 29(18):2202-11.

[22] Lee SW, Park SW, Kim YH, Yun SC, Park DW, Lee CW, et al. Drug-eluting stenting followed by cilostazol treatment reduces late restenosis in patients with diabetes mellitus the DECLARE-DIABETES Trial (A Randomized Comparison of Triple Antiplatelet Therapy with Dual Antiplatelet Therapy After Drug-Eluting Stent Implantation in Diabetic Patients). Journal of the American College of Cardiology. 2008 Mar 25; 51(12):1181-7.

[23] Piot C, Croisille P, Staat P, Thibault H, Rioufol G, Mewton N, et al. Effect of cyclosporine on reperfusion injury in acute myocardial infarction. The New England journal of medicine. 2008 Jul 31; 359(5):473-81.

[24] Ebbing M, Bleie O, Ueland PM, Nordrehaug JE, Nilsen DW, Vollset SE, et al. Mortality and cardiovascular events in patients treated with homocysteine-lowering B vitamins after coronary angiography: a randomized controlled trial. Jama. 2008 Aug 20; 300(7):795-804.

[25] Diaz R, Goyal A, Mehta SR, Afzal R, Xavier D, Pais P, et al. Glucose-insulin-potassium therapy in patients with ST-segment elevation myocardial infarction. Jama. 2007 Nov 28; 298(20):2399-405.

[26] Menasche P, Alfieri O, Janssens S, McKenna W, Reichenspurner H, Trinquart L, et al. The Myoblast Autologous Grafting in Ischemic Cardiomyopathy (MAGIC) trial: first randomized placebo-controlled study of myoblast transplantation. Circulation. 2008 Mar 4; 117(9):1189-200.

[27] Tse HF, Thambar S, Kwong YL, Rowlings P, Bellamy G, McCrohon J, et al. Prospective randomized trial of direct endomyocardial implantation of bone marrow cells for treatment of severe coronary artery diseases (PROTECT-CAD trial). European heart journal. 2007 Dec; 28(24):2998-3005.

[28] Ciszewski A, Bilinska ZT, Brydak LB, Kepka C, Kruk M, Romanowska M, et al. Influenza vaccination in secondary prevention from coronary ischaemic events in coronary artery disease: FLUCAD study. European heart journal. 2008 Jun; 29(11):1350-8.

FIBRILAÇÃO ATRIAL

CAROLINA FEDRIZZI EL ANDARI
Augusto Perazzolo Antoniazzi; Daniel Ongaratto Barazzetti;
Priscila Haas; Rafaela de Moura Sartori

SUMÁRIO: 1. Redução do risco de tromboembolismo: 1.1. Cardioversão farmacológica com vernakalant; 1.2. Terapia anticoagulante: 1.2.1. Warfarina: doses ajustadas por tabelas padronizadas *versus* doses personalizadas geneticamente; 1.2.2 Dose fixa de idraparinux *versus* doses ajustadas de antagonistas da vitamina K (warfarina ou acenocoumarol) - 2. Controle dos sintomas.

A fibrilação atrial (FA) é uma arritmia caracterizada por despolarizações desorganizadas sem contração atrial efetiva.[1] A atividade elétrica do átrio pode ser detectada no eletrocardiograma como ondulações pequenas e irregulares de amplitude e morfologia variáveis (ondas f).[1]

A prevalência de FA está associada à história de insuficiência cardíaca congestiva (ICC), valvulopatias, aumento do átrio esquerdo, função valvar aórtica ou mitral anormal, hipertensão arterial sistêmica, idade avançada e obesidade.[1]

Frente ao quadro de FA, os objetivos do manejo são a redução do risco de tromboembolismo e o controle dos sintomas.[1]

1. REDUÇÃO DO RISCO DE TROMBOEMBOLISMO

O retorno ao ritmo sinusal não elimina o risco de tromboembolismo e, por isso, não deve ser utilizado isoladamente, e sim em conjunto com estratégias anticoagulantes.[1]

1.1. Cardioversão farmacológica com vernakalant

A cardioversão farmacológica é uma terapia de restauração do ritmo sinusal em pacientes com fibrilação atrial recente e estáveis hemodinamicamente.[2] Os antiarrítmicos hoje disponíveis apresentam resultados modestos, além de possuírem efeito pró-arrítmico considerável.[2] Com isto em pauta, o ensaio clínico *Vernakalant hydrochloride for rapid conversion of atrial fibrilation*, publicado na revista *Lancet* em 26 de janeiro de 2008, compara o uso dessa droga com placebo. O vernakalant é um antiarrítmico átrio-seletivo que age bloqueando os canais de sódio e potássio.[1]

O estudo foi randomizado, duplo-cego, placebo-controlado, com o objetivo de avaliar a eficácia e segurança do uso deste fármaco em 356 pacientes, que foram estratificados segundo a duração da FA em: curta duração (três horas a sete dias - n = 237) e longa duração (8 a 45 dias - n = 119). Esses pacientes foram então randomizados, 2:1, para receber vernakalant ou placebo.

Os pacientes receberam vernakalant na dose de 3 mg/kg ou placebo, sendo que nos casos não-revertidos foi feita dose adicional de vernakalant (2 mg/kg ou placebo).[2]

Completaram o estudo 215 pacientes com FA recente (vernakalant = 141; placebo = 74) e 115 com FA de longa duração (vernakalant = 75; placebo = 40). Não houve diferenças estatísticas entre dados demográficos dos dois braços do estudo.[2]

O desfecho primário avaliado foi a conversão da FA para ritmo sinusal, por pelo menos um minuto, dentro dos 90 minutos após a infusão de vernakalant. Os secundários foram o tempo para conversão para ritmo sinusal após o início da medicação; e o percentual que permaneceu em ritmo sinusal nas primeiras 24 horas.

Foi demonstrada eficácia de 51,7% do vernakalant EV, em casos de FA de recente instalação (três horas a sete dias), em comparação com 4% do grupo com placebo (p < 0,001); 76% reverteram a FA com a primeira infusão da medicação. Além disso, a conversão para o ritmo sinusal foi rápida, com média de 11 minutos. A diferença entre a eficácia do vernakalant e do placebo, no grupo com FA de longa duração, não foi estatisticamente significativa (p = 0,09).[2]

Os efeitos adversos mais comuns foram alterações no paladar, parestesias, espirros e naúsea. Hipotensão pode ocorrer, mas costuma ser transitória, ou responder à infusão de solução salina. Nenhuma morte foi atribuída ao vernakalant.[2]

Os autores concluíram que o vernakalant demonstrou eficácia na conversão da FA de curta duração, para ritmo sinusal, sendo bem tolerando e não estando associado a efeitos adversos pró-arrítmicos.[2]

1.2. Terapia anticoagulante

1.2.1. Warfarina: doses ajustadas por tabelas padronizadas versus *doses personalizadas geneticamente*

Muitos estudos têm avaliado os benefícios e eficácias de diferentes terapias anticoagulantes, seja com diferentes drogas ou diferentes formas de administrá-las. O estudo *Randomized trial of genotype-guided versus standard warfarin dosing in patients initiating oral anticoagulation*, publicado na revista *Circulation* em 07 de novembro de 2007, tem seu foco na otimização do esquema terapêutico com warfarina.

A warfarina é usada profilaticamente em casos de eventos tromboembólicos associados à FA, próteses de valvas cardíacas, cirurgia ortopédica ou história de trombose vascular.[1] O manejo inicial é difícil, pois, devido à variação no metabolismo, as doses requeridas por paciente também variam.[1] O índice de normatização internacional (INR) deve ser mantido entre dois e três, para evitar-se eventos trombóticos ou hemorrágicos.[1,2]

Genótipos dos citocromo p450 (CYP2C9) e da enzima vitamina K epóxi-redutase (VKORC1), em conjunto, determinam o fenótipo e as necessidades de cada indivíduo.[1,2,3,4,5,6] Os alelos *2 (R144C) e *3 (1359L) aumentam o risco de sangramento.[9] Os polimorfismos em VKORC1 determinam necessidade de doses baixas, moderadas ou altas.[11,15] Juntos, esses genótipos e a clínica individual, predizem aproximadamente 50% da variabilidade da dose interindivíduos.[1,14]

O órgão regulador norte-americano recentemente acrescentou o benefício potencial da análise genética na fase inicial de tratamento com warfarina, visto que potencialmente diminuiria riscos de sangramento, sem, todavia, haver algoritmos confiáveis a este respeito.[1]

Um ensaio clínico randomizado foi realizado no Hospital LDS, com dois braços: um de pacientes recebendo doses empíricas de warfarina e outro de pacientes recebendo doses calculadas a partir de seu perfil farmacogenético. O objetivo era validar um algoritmo para uso de doses baseadas na farmacogenética individual, além de comparar INR's e outros desfechos relacionados às doses, entre os dois braços.[3,16] Pacientes maiores de 18 anos e com INR alvo entre 2 e 3 foram incluídos. A análise genética foi realizada em todos, feita através de *swab* bucal.[3]

A dose empírica seguiu o normograma de Kovacs *et al.*[1] Pacientes recebiam o dobro da dose de manutenção (2 x 5 = 10 mg) nos dias 1 e 2, após passavam a receber 5 mg. INR's eram medidos nos dias 0, 3, 5, 8, 21, 60 e 90. INR's adicionais eram medidos por solicitação clínica. Baseado no INR do dia 5, a dose era ajustada nos dias 5, 6 e 7.[19] Do dia 8 em diante, as doses eram modificadas a partir do *Intermountain healthcare protocol*.

Uma equação era usada para calcular a dose inicial no braço farmacogenético.[16] Escores eram categorizados em 14 dosagens entre 1 e 8 mg, dando-se o dobro da dose nos dias 1 e 2. O estudo teve duração de três meses e o tamanho da amostra calculado foi de 200 pacientes.[3]

O desfecho primário era a comparação do INR, fora da margem estabelecida (entre 1,8 e 3,2), dos braços empírico e farmacogenético, contados após o dia 4. Entre os desfechos secundários estavam: o tempo do primeiro INR supraterapêutico (ou uso de vitamina K), a proporção de tempo dentro do INR terapêutico alcançada usando interpolação linear, a proporção de pacientes alcançando INR terapêutico entre os dias 5 e 8, o número de INR medido, o número de ajustes de dosagens, e, a proporção de pacientes com eventos clínicos adversos sérios (INR maior ou igual a 4, uso de vitamina K, sangramento maior, eventos tromboembólicos, infarto agudo do miocárdio, isquemia miocárdica e morte).

As características clínicas dos braços da amostra foram semelhantes, exceto pelo fato do braço farmacogenético possuir uma população mais idosa e com maior prevalência de hipertensão arterial sistêmica.

O estudo demonstrou não haver diferença significativa ($p = 0,47$). Os INR's fora da janela terapêutica foram de 30,7% e 33,1% nos grupos farmacogenético e empírico, respectivamente. Quando analisado, do ponto de vista genético, o estudo traz vantagens para pacientes portadores de múltiplos alelos e para pacientes cujo genoma é misturado. Segundo os autores, parece haver vantagens em detectar geneticamente pacientes em cuja dose empírica causaria os dois extremos de eventos tromboembólicos ou hemorrágicos. Portadores de uma única mutação não são beneficiados.

A dosagem farmacogenética diminuiu consideravelmente o número de ajustes de dose e de novos INR's solicitados. Em relação ao primeiro INR supraterapêutico, ao alcançar nível terapêutico em cinco ou oito dias, não houve diferença estatisticamente relevante (apesar de, teoricamente, a dosagem farmacogenética diminuir o primeiro INR supraterapêutico em 28%).

1.2.2. Dose fixa de idraparinux versus doses ajustadas de antagonistas da vitamina K (warfarina ou acenocoumarol)

Antagonistas da vitamina K são eficazes para diminuir o risco de acidente vascular encefálico (AVE) em dois terços,[1] porém, torna-se complicado manter doses seguras e eficazes, principalmente em idosos, devido à necessidade de constante controle do INR.[1] Para isso, busca-se alternativas que tenham doses fixas e preencham ambos os critérios de segurança e eficácia.[21]

O estudo *Comparison of idraparinux with vitamin K antagonists for prevention of thromboembolism in patients with atrial fibrillation: a randomised, open-label, non-inferiority trial*, publicado na revista Lancet em 26 de janeiro de 2008, testou recentemente a eficácia e a segurança do uso de idraparinux, com dose fixa, em comparação com a terapia convencional de anticoagulação com antagonistas da vitamina K, em doses orais ajustadas, para a prevenção de tromboembolismo em pacientes portadores de FA.

A hipótese primária era de que o idraparinux fosse não-inferior aos antagonistas da vitamina K. O desfecho primário de eficácia era acidente vascular encefálico (isquêmico, hemorrágico ou não-definido) ou embolismo sistêmico. Os desfechos secundários incluíam acidente vascular encefálico, embolismo sistêmico, morte cardiovascular, infarto agudo do miocárdio, e eventos tromboembólicos venosos. O desfecho principal de segurança era sangramento clinicamente relevante.

Para este estudo, foram incluídos 4.576 pacientes. Os critérios de inclusão para o estudo eram possuir FA não-valvar documentada por eletrocardiograma (ECG), e indicação para anticoagulação a longo prazo, determinada pela presença de pelo menos um dos seguintes fatores de risco: AVE isquêmico prévio, ataque isquêmico transitório ou embolia sistêmica, hipertensão arterial sistêmica que exija terapia medicamentosa, disfunção do ventrículo esquerdo, idade superior a 75 anos, ou entre 65 e 75 anos com *diabetes mellitus* ou doença coronariana sintomática. Entre os critérios de exclusão estavam a incapacidade de fornecer consentimento, contraindicação para anticoagulação, taxa de depuração da creatinina inferior a 10 ml/min, amamentação, gravidez ou possibilidade de engravidar e procedimentos invasivos, recentes ou antecipados, com grande risco de hemorragias descontroladas.

Um total de 2.283 pacientes foram randomizados para o grupo que recebeu idraparinux subcutâneo, na dose de 2,5 mg por semana, e, 2.293 para receber antagonistas da vitamina K com INR de 2,0 a 3,0. Durante o estudo, os pacientes foram contatados na 1ª, 2ª e 6ª semana, foram à consulta na 13ª semana, e a cada três meses, ou quando desenvolvessem algum sintoma clínico.

O estudo foi interrompido em virtude do excesso de sangramento no braço do idraparinux.

Nos pacientes do grupo dos antagonistas da vitamina K, o INR se manteve no intervalo-alvo em 63% do tempo gasto em tratamento. Idraparinux foi descontinuado mais frequentemente do que os antagonistas da vitamina K, devido a efeitos adversos. Sangramento relevante ocorreu mais frequentemente no grupo do idraparinux. As diferenças de incidência de sangramento se tornaram aparentes depois de dois meses de tratamento. Pacientes idosos com insuficiência renal tinham mais risco de sangramento. O menor risco de sangramento no grupo de antagonistas da vitamina k é compatível com estudos prévios.

Com relação ao desfecho primário (AVE de qualquer tipo e embolia sistêmica), o idraparinux mostrou-se tão eficaz quanto os antagonistas da vitamina K. Embora as taxas de hemorragias fatais fossem mais elevadas no grupo submetido ao idraparinux, não houve diferenças significativas na mortalidade entre os dois grupos.

Assim sendo, o estudo concluiu que a prevenção a longo prazo com idraparinux possui eficácia semelhante à prevenção com antagonistas da vitamina K, porém, o idraparinux foi responsável pelo aumento dos sangramentos. Dessa forma, o idraparinux não é recomendado como fármaco substituto dos antagonistas da vitamina K para a profilaxia de tromboembolismo nos pacientes com FA.

Os autores relatam que o ensaio clínico por eles realizado não foi o primeiro a falhar na tentativa de encontrar uma alternativa aos antagonistas da vitamina K, e sugerem que estudos futuros avaliem um regime de idraparinux com dose ajustada às características de cada paciente (idade e depuração renal), o que poderia preservar a eficácia constatada, sem aumentar o risco de hemorragia.

2. CONTROLE DOS SINTOMAS

O controle dos sintomas é alcançado através do controle da frequência ou restauração do ritmo sinusal.[1] O estudo *Rhythm control versus rate control for atrial fibrillation and heart failure*, publicado na revista *New England Journal of Medicine* em 19 de junho de 2008, com o objetivo de identificar se a manutenção do ritmo sinusal em pacientes com FA melhoraria a sobrevida de pacientes com insuficiência cardíaca (IC).

Este estudo é um ensaio clínico randomizado, multicêntrico (realizado em 123 centros no Canadá, Estados Unidos, Brasil, Argentina, Europa e Israel) com *follow-up* de dois anos, que teve por objetivo comparar a manutenção do ritmo sinusal com o controle da frequência ventricular em indivíduos com fração de ejeção ventricular esquerda de 35% ou menos, sintomas de insuficiência cardíaca congestiva e história de FA. A hipótese operacional era que a manutenção do ritmo sinusal seria mais eficiente que o controle da frequência cardíaca.[1]

Os critérios de inclusão foram fração de ejeção do ventrículo esquerdo de 35% ou menos; insuficiência cardíaca congestiva sintomática, com classe II a IV conforme *New York Heart Association* (NHYA), durante o período de seis meses, ou pacientes assintomáticos que foram internados nos últimos seis meses por problemas de IC; história de FA (documentada por ECG) com duração mínima de seis horas, ou que necessitou de cardioversão no período de seis meses, ou ainda, episódios com duração mínima de dez minutos em pacientes que já haviam sofrido cardioversão; e aqueles aptos a realizar o tratamento em algum dos dois grupos.

Os critérios de exclusão eram FA por mais de 12 meses; causas reversíveis de IC e FA; uso de drogas antiarrítmicas para outras arritmias; bloqueio atrioventricular de primeiro ou segundo grau; síndrome do QT longo; ablação nodo atrioventricular; insuficiência renal que necessite de diálise; e pessoas com menos de 18 anos, ou expectativa de vida menor que um ano.

O total de 1.376 pacientes foi aleatoriamente dividido em dois grupos: 682 controle do ritmo (CR) e 694 controle da frequência (CF). Ambos apresentavam características iniciais iguais, tendo média de idade de 67 anos, todos tendo FA.

No grupo de controle do ritmo, os pacientes que não tinham o ritmo sinusal restabelecido em até seis semanas, por drogas antiarrítmicas, recebiam cardioversão elétrica. Se necessário uma segunda cardioversão, essa era realizada três meses após, e a partir disso, eram realizadas quando necessárias. A principal droga utilizada foi a amiodarona (82%), seguida de sotalol e dofetilide.

No grupo-controle de frequência, os pacientes recebiam doses ajustadas de betabloqueadores e digitálicos, mantendo taxa de 80 bpm.

Em pacientes com IC, foi recomendado tratamento com inibidor da ECA, bloqueador do receptor da angiotensina II, com anticoagulação recomendada para todos. Foi recomendado para ambos os grupos a maior dose de betabloqueador tolerada.

Os resultados foram avaliados três semanas após o início do tratamento, no quarto mês, e, após de quatro em quatro meses, levando em conta morte por causas cardiovasculares e, secundariamente, hospitalizações, pioras do quadro clínico e morte por ICC.

O desfecho primário era morte por causas cardiovasculares, o que ocorreu em 27% dos pacientes do grupo de controle do ritmo e em 25% dos do grupo de controle da frequência. Os desfechos secundários eram morte por qualquer causa, AVE, piora da ICC, hospitalização, qualidade de vida, custo da terapia e um composto de morte por qualquer causa, AVE ou piora da ICC, o que ocorreu com 32% dos pacientes.

O tempo de seguimento foi de 37 ± 19 meses, sendo o maior período de 74 meses, e a média, para os paciente sobreviventes, foi de 47 meses.

Os pacientes do grupo de controle do ritmo precisaram de mais internações, inclusive por FA, e mais cardioversão elétrica.

No desfecho, 182 pacientes (27%) do grupo-controle do ritmo e 175 pacientes (25%) do controle da frequência morreram por causas cardiovasculares (p = 0,59). *Hazard ratio* 1,06 (IC 95% 0,86 - 1,30). Quando nos referimos a hospitalizações, o grupo CR apresentou maior percentual que o grupo CF (64% *versus* 59%; p = 0,06). A respeito da necessidade de cardioversão elétrica, o grupo CR necessitou mais que o CF (59% *versus* 6%, p < 0,001).

Os autores concluíram que a estratégia de controle da frequência elimina a necessidade de cardioversões repetidas e reduz as taxas de internações. O estudo sugere que o controle da frequência deveria ser considerado como primeira abordagem para pacientes com FA e ICC.

Ref.	Estudo	Hipótese	n	Exposição
2	**Vernakalant hydrochloride for rapid conversion of atrial fibrillation**	Vernakalant possui maior eficácia e rapidez que outros antiarrítmicos, para conversão da FA para ritmo sinusal, com menos efeitos adversos pró-arrítmicos.	356	Placebo x vernakalant, divisão em FA de curta duração (três horas até sete dias) e longa duração (8 dias a 45 dias).
3	**Randomized trial of genotype-guided versus standard warfarin dosing in patients initiating oral anticoagulation**	A partir do genótipo, pode-se prever uma dose mais próxima do necessário para anticoagulação inicial com warfarina e, portanto, evitar eventos adversos, como sangramentos.	200	Doses iniciais empíricas (10mg/ Manutenção com 5mg) ou doses iniciais calculadas por fórmula a partir dos genes de interesse.
21	**AMADEUS**	Comparar a eficácia e segurança do idraparinux com os antagonistas da vitamina K na prevenção de tromboembolismo na FA.	4.576	Idraparinux *versus* antagonistas da vitamina K (INR).
22	**Rhythm control versus rate control for atrial fibrillation and heart failure**	A manutenção do ritmo sinusal seria mais eficiente que a manutenção da frequência em pacientes com ICC.	1.376	Controle do ritmo *versus* controle da frequência.

Desfechos	Resultados
Conversão da FA para ritmo sinusal, por pelo menos um minuto, dentro dos 90 minutos após infusão de vernakalant. Tempo para conversão para ritmo sinusal após início da medicação. Proporção que permaneceu em ritmo sinusal nas primeiras 24 horas.	Vernakalant converteu rapidamente a FA de curta duração (51,7%), sendo bem tolerado.
Primário: comparação entre INR's fora da janela terapêutica de cada grupo, sem significância estatística. Não houve diferença entre primeiro INR ou entre alcançar valor terapêutico no quinto ou no oitavo dia entre os grupos. Dosagem farmacogenética diminuiu o número de ajustes de doses e novos INR's solicitados.	Do ponto de vista genético, há vantagens, para portadores de múltiplos alelos, em fazer dosagem genética. Algoritmo/metodologia limitada (genética populacional). Necessita-se de mais ensaios clínicos e do desenvolvimento de novas metodologias farmacogenéticas.
Primário de eficácia: acidente vascular encefálico (isquêmico, hemorrágico ou não-definido) ou embolismo sistêmico. **Secundários:** acidente vascular encefálico, embolismo sistêmico, morte cardiovascular, infarto do miocárdio e eventos tromboembólicos venosos. **Desfecho principal de segurança**: sangramento clinicamente relevante.	O idraparinux mostrou-se tão eficaz quanto os antagonistas da vitamina K para a terapia de prevenção dos eventos tromboembólicos na FA. No entanto, causou um aumento nos sangramentos. Idraparinux não é recomendado como fármaco substituto dos antagonistas da vitamina K para profilaxia de eventos tromboembólicos na FA.
Primário: morte por causas cardiovasculares. **Secundários:** morte por qualquer causa, AVE, piora da ICC hospitalização, qualidade de vida, custo da terapia e um mix de morte por qualquer causa, AVE ou piora da ICC.	O controle do ritmo não reduz a taxa de morte por causa cardiovascular. O controle da frequência reduz a necessidade de cardioversões repetidas.

Referências Bibliográficas

[1] Braunwald E, Zipes DP. Braunwald's heart disease: a textbook of cardiovascular medicine. 7th ed. Philadelphia, Pa.: W. B. Saunders 2005.
[2] Roy D, Pratt CM, Torp-Pedersen C, Wyse DG, Toft E, Juul-Moller S, et al. Vernakalant hydrochloride for rapid conversion of atrial fibrillation: a phase 3, randomized, placebo-controlled trial. Circulation. 2008 Mar 25; 117(12):1518-25.
[3] Anderson JL, Horne BD, Stevens SM, Grove AS, Barton S, Nicholas ZP, et al. Randomized trial of genotype-guided versus standard warfarin dosing in patients initiating oral anticoagulation. Circulation. 2007 Nov 27; 116(22):2563-70.
[4] Voora D, McLeod HL, Eby C, Gage BF. The pharmacogenetics of coumarin therapy. Pharmacogenomics. 2005 Jul; 6(5):503-13.
[5] Hylek EM, Skates SJ, Sheehan MA, Singer DE. An analysis of the lowest effective intensity of prophylactic anticoagulation for patients with nonrheumatic atrial fibrillation. The New England journal of medicine. 1996 Aug 22; 335(8):540-6.
[6] Oden A, Fahlen M, Hart RG. Optimal INR for prevention of stroke and death in atrial fibrillation: a critical appraisal. Thrombosis research. 2006; 117(5):493-9.
[7] Crespi CL, Miller VP. The R144C change in the CYP2C9*2 allele alters interaction of the cytochrome P450 with NADPH:cytochrome P450 oxidoreductase. Pharmacogenetics. 1997 Jun; 7(3):203-10.
[8] Takanashi K, Tainaka H, Kobayashi K, Yasumori T, Hosakawa M, Chiba K. CYP2C9 Ile359 and Leu359 variants: enzyme kinetic study with seven substrates. Pharmacogenetics. 2000 Mar; 10(2):95-104.
[9] Aithal GP, Day CP, Kesteven PJ, Daly AK. Association of polymorphisms in the cytochrome P450 CYP2C9 with warfarin dose requirement and risk of bleeding complications. Lancet. 1999 Feb 27; 353(9154):717-9.
[10] Higashi MK, Veenstra DL, Kondo LM, Wittkowsky AK, Srinouanprachanh SL, Farin FM, et al. Association between CYP2C9 genetic variants and anticoagulation-related outcomes during warfarin therapy. Jama. 2002 Apr 3; 287(13):1690-8.
[11] Wang D, Chen H, Momary KM, Cavallari LH, Johnson JA, Sadee W. Regulatory polymorphism in vitamin K epoxide reductase complex subunit 1 (VKORC1) affects gene expression and warfarin dose requirement. Blood. 2008 Aug 15; 112(4):1013-21.
[12] Hillman MA, Wilke RA, Caldwell MD, Berg RL, Glurich I, Burmester JK. Relative impact of covariates in prescribing warfarin according to CYP2C9 genotype. Pharmacogenetics. 2004 Aug; 14(8):539-47.
[13] Wadelius M, Sorlin K, Wallerman O, Karlsson J, Yue QY, Magnusson PK, et al. Warfarin sensitivity related to CYP2C9, CYP3A5, ABCB1 (MDR1) and other factors. The pharmacogenomics journal. 2004; 4(1):40-8.
[14] Wadelius M, Chen LY, Downes K, Ghori J, Hunt S, Eriksson N, et al. Common VKORC1 and GGCX polymorphisms associated with warfarin dose. The pharmacogenomics journal. 2005; 5(4):262-70.
[15] Rieder MJ, Reiner AP, Gage BF, Nickerson DA, Eby CS, McLeod HL, et al. Effect of VKORC1 haplotypes on transcriptional regulation and warfarin dose. The New England journal of medicine. 2005 Jun 2; 352(22):2285-93.
[16] Carlquist JF, Horne BD, Muhlestein JB, Lappe DL, Whiting BM, Kolek MJ, et al. Genotypes of the cytochrome p450 isoform, CYP2C9, and the vitamin K epoxide reductase complex subunit 1 conjointly determine stable warfarin dose: a prospective study. Journal of thrombosis and thrombolysis. 2006 Dec; 22(3):191-7.
[17] Aquilante CL, Langaee TY, Lopez LM, Yarandi HN, Tromberg JS, Mohuczy D, et al. Influence of coagulation factor, vitamin K epoxide reductase complex subunit 1, and cytochrome P450 2C9 gene polymorphisms on warfarin dose requirements. Clinical pharmacology and therapeutics. 2006 Apr; 79(4):291-302.
[18] FDA. FDA approves updated warfarin (coumadin) prescribing information. FDA news. 2007.
[19] Kovacs MJ, Rodger M, Anderson DR, Morrow B, Kells G, Kovacs J, et al. Comparison of 10-mg and 5-mg warfarin initiation nomograms together with low-molecular-weight heparin for outpatient treatment of acute venous thromboembolism. A randomized, double-blind, controlled trial. Annals of internal medicine. 2003 May 6; 138(9):714-9.
[20] Hart RG, Benavente O, McBride R, Pearce LA. Antithrombotic therapy to prevent stroke in patients with atrial fibrillation: a meta-analysis. Annals of internal medicine. 1999 Oct 5; 131(7):492-501.
[21] Bousser MG, Bouthier J, Buller HR, Cohen AT, Crijns H, Davidson BL, et al. Comparison of idraparinux with vitamin K antagonists for prevention of thromboembolism in patients with atrial fibrillation: a randomised, open-label, non-inferiority trial. Lancet. 2008 Jan 26; 371(9609):315-21.
[22] Roy D, Talajic M, Nattel S, Wyse DG, Dorian P, Lee KL, et al. Rhythm control versus rate control for atrial fibrillation and heart failure. The New England journal of medicine. 2008 Jun 19; 358(25):2667-77.

INSUFICIÊNCIA CARDÍACA CONGESTIVA

ANA PAULA SUSIN OSÓRIO
Bruna Kochhann Menezes; Luciano Scopel; Tatiane Oliveira de Souza; Viviane Gehlen

SUMÁRIO: 1. Fármacos: 1.1. Darbepoetina alfa; 1.2. Dronedarona; 1.3. Nesiritida; 1.4. Oxipurinol; 1.5. Rosuvastatina; 1.6. Sildenafila; 1.7. Tezosentan - 2. Terapia de imunomodulação - 3. Programas de suporte - 4. Ablação septal alcoólica na miocardiopatia hipertrófica - 5. Dispositivos cardíacos: 5.1. Monitor hemodinâmico contínuo; 5.2. Terapia de ressincronização cardíaca: 5.2.1. Variáveis relacionadas à resposta da terapia de ressincronização cardíaca; 5.2.2. Terapia de ressincronização cardíaca em pacientes com QRS estreito; 5.3. Cardioversor-desfibrilador implantável: 5.3.1. Prognóstico dos choques desfibrilatórios; 5.3.2. Qualidade de vida em pacientes com cardioversor-desfibrilador implantável; 5.4. Terapia de modulação da contratilidade cardíaca; 5.5. Dispositivo como alternativa para insuficiência cardíaca descompensada sem resposta ao tratamento clínico - 6. Treinamento físico.

1. FÁRMACOS

1.1. Darbepoetina alfa

Em pacientes com insuficiência cardíaca (IC), a anemia está comumente associada a sintomas mais severos da doença, a uma diminuição do *status* funcional e a uma piora da capacidade física do paciente. Além disso, a anemia tem sido identificada como um poderoso fator de risco independente para morbimortalidade de indivíduos com IC.

Estudos preliminares, não-multicêntricos, mostraram que pacientes com IC tratados com agentes estimulantes da eritropoiese (ESA's) teriam um aumento na capacidade física, melhora nas funções cardíaca e renal e, ainda, redução na necessidade de hospitalizações e de uso de diuréticos. No entanto, esses estudos prévios foram pequenos e tiveram uma curta duração, o que não nos permite tomar esses resultados como definitivos.

O estudo STAMINA-HeFT[1] teve como objetivo comprovar o impacto clínico do tratamento da anemia com darbepoetina alfa, em pacientes com IC sintomática associada à anemia, *versus* placebo.

Pacientes com IC sintomática (por mais de três meses) inscritos no estudo, tinham pelo menos 21 anos de idade, fração de ejeção ventricular esquerda (FEVE) ≤ 40% e valores de hemoglobina maiores que 9,0 g/dl e menores que 12,5 g/dl. Além disso, a duração do exercício na linha de base entre 2 e 14 minutos para pacientes com idade ≤ 60 anos e entre 2 e 12 minutos para pacientes com idade > 60 anos. Os pacientes deveriam estar em tratamento para IC com inibidor da enzima conversora da angiotensina (IECA) e/ou bloqueador do receptor da angiotensina (BRA) e betabloqueador.

O estudo foi multicêntrico (65 centros) e incluíram 319 pacientes, dos quais, 157 ficaram no grupo placebo e 162 no grupo darbepoetina alfa (dose inicial de 0,75 μg/kg, repetida a cada duas semanas durante 52 semanas). Os grupos tinham suas medidas demográficas e características pessoais semelhantes.

O desfecho primário foi medido pela mudança na tolerância ao exercício físico, no início do estudo e na 27ª semana do estudo. O desfecho secundário foi a avaliação da mudança na classe funcional da *New York Heart Association* (NYHA) e na qualidade de vida dos pacientes, comparando o mesmo paciente no princípio do estudo e no decorrer da vigésima sétima semana.

A análise dos resultados nos mostra que não houve diferença estatisticamente significativa entre o grupo placebo e o grupo da darbepoetina alfa, no que diz respeito ao tempo de duração do exercício físico (desfecho primário) e à mudança na classe funcional NYHA (desfecho secundário). Em relação aos desfechos clínicos, 18 pacientes (11%) no grupo placebo e 11 pacientes (7%) no grupo da darbepoetina alfa faleceram por diversas causas durante a participação no estudo, mas esses valores também não apresentam diferença estatística significativa. A maioria dos pacientes, em ambos os grupos estudados, teve pelo menos um evento adverso (93% no grupo da darbepoetina alfa e 92% no placebo).

Esse estudo conclui que o tratamento da anemia com darbepoetina alfa em pacientes com IC sistólica sintomática, foi bem tolerado. Além disso, esse tratamento gradualmente aumenta e mantém a concentração de hemoglobina dentro da faixa de normalidade. Entretanto, não melhora o desfecho primário (tolerância ao exercício físico), tampouco o desfecho secundário (alteração na classe funcional da NYHA e na qualidade de vida dos pacientes) quando comparados ao grupo placebo.

1.2. Dronedarona

As arritmias atriais e ventriculares contribuem para a morbidade e mortalidade associadas à IC. A classe III dos agentes antiarrítmicos reduz a probabilidade de desenvolvimento de fibrilação atrial em pacientes com IC e auxilia na conversão da fibrilação atrial para um ritmo sinusal estável, o que pode diminuir o risco de descompensação. As arritmias ventriculares também são comuns em pacientes com IC e redução da função sistólica, causando, frequentemente, morte súbita. Os antiarrítmicos de classe III reduzem a ocorrência dessas arritmias, entretanto, a redução da ocorrência de morte súbita não tem sido observada. As drogas comumente utilizadas para o tratamento das arritmias ventriculares são: a amiodarona que é associada a efeitos adversos não-cardíacos, e o dofetilide que aumenta o risco de *torsades de pointes*.

A dronedarona, um novo antiarrítmico de classe III, bloqueador do canal de sódio, que possui propriedades eletrofisiológicas similares à amiodarona. A droga tem pouco efeito no intervalo QT e não contém iodo em sua formulação. Pelas suas propriedades, poderia reduzir a taxa de hospitalizações por IC e a incidência de morte por arritmia.

O estudo ANDROMEDA[2] testou o efeito da medicação em pacientes com IC avançada tentando diminuir a morbidade e a mortalidade. Foram incluídos pacientes com mais de 18 anos e que fossem hospitalizados por piora ou novo episódio de IC e que tivessem, no mínimo, um episódio de dispneia a mínimo esforço ou em repouso (classe III da NYHA) ou dispneia paroxística noturna no mês anterior à admissão. Na admissão foi realizada ecocardiografia, que foi gravada e documentada. Os pacientes eram elegíveis se tivessem uma fração de ejeção menor que 35%.

A amostra foi exposta à dronedarona, 400 mg duas vezes por dia, *versus* placebo. Este estudo foi desenhado para uma duração de dois anos, no entanto, foi interrompido após sete meses pelo excesso de mortes no braço da dronedarona.

Os desfechos primários considerados foram morte por qualquer causa e hospitalização por piora da IC. Os desfechos secundários consistiam em morte por todas as causas, hospitalização por causas cardiovasculares, hospitalização por piora da IC, ocorrência de *flutter* ou fibrilação atrial, morte por arritmias ou morte súbita.

A população foi de 627 pacientes, e os braços possuíam características semelhantes, com história frequente de fibrilação atrial (40%) estando presente no momento da randomização em 23,2% do grupo dronedarona e 26,8% no grupo placebo. Destes, 76,4% no grupo dronedarona e 67,1% no grupo placebo receberam anticoagulantes orais durante o estudo.

Não houve diferença significativa entre os grupos do estudo quanto ao desfecho primário, houve 53 eventos no grupo dronedarona (17,1%) e 40 no grupo placebo (12,6%) (HR no grupo dronedarona de 1,38; IC 95% 0,92 - 2,09; p = 0,12). Durante o estudo, o número total de pacientes que teve a primeira hospitalização por causa cardiovascular aguda foi superior no grupo dronedarona (71 pacientes) do que no grupo placebo (50 pacientes) (p = 0,02), sendo a principal causa de internação a piora da IC.

Quanto aos efeitos adversos, percebeu-se uma similaridade entre os grupos, exceto no aumento da concentração sérica da creatinina, mais frequente no grupo da dronedarona. Houve decréscimo na taxa de filtração glomerular estimada, logo após o início do tratamento com dronedarona, mas com retorno ao normal no final do estudo.

Ao final do estudo, observou-se que o tratamento com dronedarona, em pacientes com IC severa e redução na função ventricular sistólica, resultou em leve aumento na mortalidade. Para os autores a explicação para a falha da medicação é incerta, porém, apontam três achados importantes: (1) o excesso de mortes relacionadas à dronedarona serem mortes por IC; (2) o risco de morte no grupo da droga era maior em pacientes com redução severa da função ventricular esquerda; (3) a dronedarona levou a um pequeno aumento no número de hospitalizações por IC.

Outro ponto importante é que fica uma dúvida sobre o aumento da creatinina, mas sem evidências de deterioração da função renal. Então, para o uso futuro desta droga, há necessidade de novos estudos que avaliem sua interferência na filtração glomerular, deixando claro quais os perigos de sua administração.

Segundo os autores, comprovou-se que a droga testada neste estudo causa, direta ou indiretamente, piora da IC, principalmente em pacientes que possuem uma redução importante da função sistólica. Mas, ainda permanece a questão se a dronedarona é segura na população de baixo risco.

1.3. Nesiritida

O tratamento de pacientes com insuficiência cardíaca direita (ICD) e falência da função renal é um desafio, pois se sabe que a disfunção renal preexistente prediz uma piora do quadro, por ativar o sistema renina-angiotensina, causando sintomas congestivos e piorando a função renal do paciente previamente descompensado. Tem-se buscado o desenvolvimento de novas drogas capazes de evitar esse mecanismo, como a nesiritida, um recombinante humano do peptídeo natriurético que foi aprovado em 2001 pelo FDA, sendo a primeira nova droga para ICD em 14 anos.

O mecanismo de ação é uma vasodilatação sistêmica e pulmonar, tendo efeitos renais e inibindo o sistema renina-angiotensina, sem deteriorar a função renal.

O estudo BNP-CARDS[3] avaliou o impacto da nesiritida, em relação à função renal, em pacientes com IC aguda descompensada e disfunção renal. Foram analisados 75 pacientes com ICD como primeiro diagnóstico e que possuíam uma taxa de filtração glomerular (calculada através da fórmula de *Cockcroft-Gault*) entre 15 e 60 ml/min, além de idade acima de 18 anos. A randomização e avaliação dos pacientes ocorreram no período de 01 de março a 31 de agosto de 2006 no *Stanford University Hospital* e conjuntamente no *Palo Alto Veterans Administration Hospital,* de 01 de fevereiro a 31 de agosto de 2006.

Os pacientes foram randomizados em dois grupos, em uma proporção de 1:1, para receberem uma dose fixa de infusão de nesiritida (*bolus* de 2 μg/kg, seguido de infusão contínua de 0,01 μg/kg/min por 48 horas) ou placebo (5% dextrose em água, com mesma dose correspondente).

Os desfechos primários foram: declínio significativo na função renal (pico de creatinina sérica ≥ 20% em qualquer momento durante os sete primeiros dias de hospitalização, comparado com a creatinina da admissão) e mudança na creatinina sérica desde a admissão até o momento da alta e/ou no sétimo dia de hospitalização.

Dos 75 pacientes estudados, 39 usaram nesiritida e 36 utilizaram placebo, ambos os grupos apresentavam características semelhantes, particularmente em relação à creatinina sérica. Grande percentual de pacientes tinha idade superior a 79 anos.

Não houve diferença significativa entre os grupos, em relação ao desfecho primário de declínio na função renal (aumento ≥ 20% na creatinina sérica), com 23% de ocorrência no grupo da nesiritida e 25% no grupo placebo (p = 0,85). Quanto à mudança na creatinina sérica, também não foi observada diferença entre os grupos (- 0,05 mg/dl no grupo nesiritida e 0,05 mg/dl no grupo placebo, p = 0,46). A ocorrência de complicações e eventos adversos foi semelhante entre os grupos.

O principal achado do estudo foi de que a administração de nesiritida, associada à terapia padrão para ICD, não resultou em piora da função renal, porém, também não protegeu contra o desenvolvimento de disfunção renal. O estudo não foi capaz de mostrar evidências do papel da nesiritida na proteção da função renal. Ao final do experimento, percebeu-se que a droga nesiritida não possui impacto na função renal de pacientes com insuficiência cardíaca aguda descompensada.

1.4. Oxipurinol

Elevações na atividade enzimática da xantina oxidase (XO) são descritas em experimentos com animais e humanos com IC. Atividades desse sistema enzimático podem produzir aumentos no estresse oxidativo e nos níveis de ácido úrico, o que contribui para a fisiopatologia da doença cardiovascular. Estudos prévios têm sugerido que a inibição da XO pode melhorar a reação endotelial, a função miocárdica e a fração de ejeção em pacientes com ICC.

O estudo OPT-CHF[4] testou se a inibição da XO com oxipurinol produziria benefícios clínicos em pacientes com disfunção sistólica e IC sintomática classes funcionais III ou IV da NYHA.

Os pacientes selecionados tinham entre 18 e 85 anos de idade, IC sintomática (classes III e IV da NYHA) e disfunção ventricular esquerda, definida como FEVE ≤ 40%. Além disso, deveriam ter tido pelo menos uma internação hospitalar por IC dentro dos últimos 18 meses, uma visita à emergência resultando em tratamento com terapia intravenosa (IV) por piora da IC e adição de uma nova droga por perda da estabilidade clínica.

Os pacientes foram randomizados para o grupo do oxipurinol ou para o grupo placebo. A dose inicial foi de uma cápsula de 100 mg de oxipurinol *versus* placebo na primeira semana, titulada após para seis cápsulas (600 mg) diariamente *versus* placebo. Os pacientes foram avaliados com visitas a cada quatro semanas por seis meses.

O desfecho primário do estudo foi a classificação do *status* clínico do paciente em melhor, pior ou sem mudanças em 24 semanas. Os desfechos secundários incluíam tempo para ocorrência de morte cardiovascular ou hospitalização por agravo da IC, mudança no escore de qualidade de vida durante as 24 semanas (avaliada pelo questionário MLHF) e alterações nos níveis de ácido úrico no decorrer das 24 semanas.

Foram inscritos no estudo 405 pacientes entre março de 2003 e dezembro de 2004, em 54 centros do Canadá e dos Estados Unidos da América.

Os resultados do estudo nos indicam que não há diferença estatisticamente significativa nos desfechos primário e secundário entre o grupo placebo e o grupo que usou oxipurinol. A distribuição de pacientes caracterizados como *status* clínico melhor, pior ou sem mudanças não diferiu significativamente entre o grupo oxipurinol e o placebo (p = 0,4211).

A terapia com oxipurinol parece ser benéfica apenas em pacientes com IC associada a elevadas taxas de ácido úrico sérico (> 9,5 mg/dl). Esse subgrupo de pacientes, que utilizou o oxipurinol, apresentou uma menor taxa de mortalidade por todas as causas (RR 0,4; IC 95% 0,1 - 2,1) e morte de origem cardiovascular (RR 0,5; IC 95% 0,1 - 3) quando comparados ao grupo placebo.

Portanto, o estudo demonstra que o oxipurinol não melhora o escore clínico de pacientes com IC sintomática, podendo ainda, ser potencialmente prejudicial a muitos pacientes. Entretanto, análises de subgrupos revelam que pacientes com essas características, e níveis elevados de ácido úrico, podem beneficiar-se da inibição da xantina oxidase. Além disso, o grau de redução do ácido úrico está relacionado ao desfecho clínico, sugerindo que pacientes que pioram com o uso do oxipurinol apresentam uma redução menor nos níveis de ácido úrico. Medidas seriadas de ácido úrico podem ser adicionadas à terapia individualizada com oxipurinol.

1.5. Rosuvastatina

Embora uma alta proporção dos pacientes com IC, causada por disfunção sistólica ventricular esquerda, tenha doença arterial coronariana, a ocorrência de infarto agudo do miocárdio, nessa população, tem sido baixa. Devido a isso, o uso das estatinas tem sido questionado em pacientes com insuficiência cardíaca sistólica. Além disso, esses pacientes com baixos níveis de colesterol total têm desfechos menos favoráveis. As lipoproteínas podem remover as endotoxinas que entram na circulação através da parede intestinal, a qual pode estar edemaciada nos pacientes com IC. Estatinas poderiam ser prejudiciais nesses pacientes porque reduzem a síntese da coenzima Q10 e da selenoproteína, o que levaria a uma miopatia esquelética e cardíaca.

Inversamente, estudos de autópsias têm sugerido que síndromes coronarianas agudas não conhecidas são comumente causas de morte súbita e morte por falência da bomba. Caso essa hipótese seja verdadeira, as estatinas poderiam ter um importante papel no controle da IC, principalmente pelas ações pleiotrópicas dessa droga, que agem melhorando a função endotelial e a atividade inflamatória.

O estudo CORONA[5] verificou se os efeitos benéficos da rosuvastatina poderiam exceder qualquer risco teórico e aumentar a sobrevida e bem-estar, reduzir mortalidade dos pacientes com IC isquêmica, sistólica, sintomática e crônica.

Os pacientes recrutados para o estudo deveriam ter mais de 60 anos de idade, IC de causa isquêmica, classes funcionais II, III ou IV da NYHA e FEVE < 40% (para pacientes classe II da NYHA, a FEVE deveria ser < 35%). Deveriam estar recebendo tratamento ideal para IC, pelo menos, duas semanas antes da randomização.

Os pacientes foram randomicamente designados a receber 10 mg de rosuvastatina *versus* placebo. Eles eram vistos na sexta semana e no terceiro mês após a randomização, realizando uma consulta a cada três meses depois desse período, na qual era avaliada a classe funcional da NYHA. Os indivíduos envolvidos no estudo completavam o *McMaster Overall Treatment Evaluation Questionnaire* a cada seis meses e na última consulta do estudo. Um questionário de sintomas musculares era adicionado a cada encontro.

Os desfechos primários analisados foram morte de causa cardiovascular, infarto agudo do miocárdio (IAM) e acidente vascular cerebral (AVC) não-fatais. Os desfechos secundários incluíam morte por qualquer causa, qualquer evento coronariano, morte de causas cardiovasculares e número de hospitalizações por causas cardiovasculares, angina instável ou agravo da IC.

Foram recrutados um total de 5.459 pacientes, de setembro de 2003 a abril de 2005. Destes, 2.514 foram designados a receber rosuvastatina e 2.497 placebo. O tempo médio de seguimento foi de 32,8 meses.

Os grupos apresentavam características similares quando da entrada no estudo. A média de idade dos participantes era de 73 anos, sendo que 41% deles tinham, pelo menos, 75 anos de idade. Havia uma alta prevalência prévia de hipertensão arterial sistêmica, *diabetes mellitus* e doença renal crônica. A grande maioria dos pacientes já recebia tratamento para IC, incluindo agentes antiplaquetários ou anticoagulantes.

Os níveis de LDL colesterol (LDL-C) declinaram de 137 mg/dl, do início do estudo, para 76 mg/dl depois de três meses de tratamento com a rosuvastatina. No grupo placebo, não houve mudanças significativas nos valores do LDL colesterol. As taxas do HDL colesterol (HDL-C) aumentaram de 48 mg/dl para 50 mg/dl, no grupo da rosuvastatina, enquanto permaneceu em 47 mg/dl no grupo do placebo.

O nível médio de alta sensibilidade da proteína C-reativa diminuiu de 3,1 mg/l, no princípio do estudo, para 2,1 mg/l na última consulta, no grupo que recebeu a rosuvastatina. O grupo placebo, no entanto, teve um aumento dessa proteína de 3,0 mg/l, no início do acompanhamento, para 3,3 mg/l no final do estudo.

Os desfechos primários ocorreram em 692 pacientes no grupo da rosuvastatina (11,4 em 100 pacientes acompanhados por ano) e em 732 pacientes no grupo placebo (12,3 em 100 pacientes acompanhados por ano). Dessa maneira, no desfecho primário não houve diferença estatisticamente significativa entre os grupos (p = 0,12). Da mesma forma, não houve diferença estatística no número de mortalidade total e na quantidade de desfechos coronarianos entre os grupos envolvidos.

Por outro lado, o número de hospitalizações de causas tanto cardiovasculares como de IC, no grupo que utilizou a rosuvastatina foi significativamente menor (p = 0,007) que no grupo placebo. No entanto, não houve diferença estatística entre o número de internações hospitalares, por angina instável (p = 0,30) ou por causa não cardiovascular (p = 0,82), quando comparados os grupos.

Portanto, apesar dos efeitos favoráveis da rosuvastatina em reduzir o LDL colesterol, aumentar o HDL colesterol e em possuir uma alta sensibilidade à proteína C-reativa, uma dose diária de 10 mg de rosuvastatina não reduz os desfechos primários em pacientes idosos com IC sistólica, de causa isquêmica, que já recebiam drogas para sua doença cardiovascular antes de iniciar o estudo. Houve, entretanto, uma redução no número de hospitalizações por problemas cardiovasculares, no grupo que utilizou rosuvastatina, quando comparado ao grupo placebo.

1.6. Sildenafila

Um dos mecanismos envolvidos na fisiopatologia dos sintomas da IC são as consequências da hiperestimulação da musculatura esquelética para a ventilação, gerando fadiga e dispneia. Esta sinalização anormal, devido à atividade metabólica muscular, é conhecida como ergorreflexo e vem sendo apontada como um possível alvo terapêutico da IC. Um dos meios para a diminuição do ergorreflexo é a vasodilatação mediada pelo endotélio, que aumentaria a perfusão muscular, como ocorre no exercício, mas que está alterada na IC por uma disfunção endotelial. A sildenafila, um inibidor seletivo da fosfodiesterase tipo 5 (PDE_5), aumenta a disponibilidade endotelial de óxido nítrico e, com isso, a vasodilatação mediada pelo endotélio, gerando um potencial benefício, em pacientes com IC, a ser testado.

O estudo conduzido por Guazzi e colaboradores[6], publicado no JACC de 27 de novembro de 2007, investigou se uma modulação da superestimulação muscular mediada pelo endotélio é um mecanismo pelo qual a sildenafila pode reduzir a hiperventilação no exercício e aumentar a capacidade física; e se essa droga pode manter sua capacidade durante uso crônico sem efeitos adversos.

Foram recrutados 46 pacientes do sexo masculino com menos de 65 anos, para minimizar os efeitos da idade sobre a função endotelial, referenciados a dois centros especializados – um em Milão, Itália, e outro em Richmond, Virgínia, Estados Unidos – para avaliação de IC. Os pacientes possuíam condição clínica estável, compatível com as classes funcionais II e III da NYHA de IC, causada por cardiopatia isquêmica ou idiopática. Deveriam possuir teste de esforço negativo prévio, relação

$VEF_1/CVF > 70\%$ e fração de ejeção $\leq 45\%$. Os pacientes não participavam de nenhum programa de atividade física nem utilizavam medicações que pudessem alterar a função endotelial (estatinas, vitaminas antioxidantes, inibidores da xantina oxidase) ou o ergorreflexo (AAS), eram não-fumantes ou ex-fumantes há pelo menos oito meses, com < 10 maços/ano, e eram sintomáticos durante o exercício por dispneia e fadiga muscular.

A avaliação inicial incluiu teste de esforço, teste de função vascular (vasodilatação mediada por fluxo na artéria braquial), teste de ergorreflexo e monitorização por *Holter*, além do registro de sintomas e qualidade de vida. Antes da randomização, os testes foram repetidos após o uso de uma dose única de sildenafila 50 mg para todos os pacientes. Estes foram randomizados, em proporção de 1:1, entre o uso de sildenafila 50 mg três vezes ao dia (23 pessoas) *versus* placebo três vezes ao dia (23 pessoas) por seis meses, além das medicações que utilizavam para o controle da IC. Os testes foram repetidos aos três e aos seis meses.

Concluíram o estudo 20 pacientes no grupo da sildenafila e 21 no grupo placebo, o que mantinha o poder do estudo (19 pacientes eram necessários em cada grupo). Nenhuma das perdas foi devida a efeitos adversos. Os parâmetros ventilatórios ao exercício, vasculares e de ergorreflexo foram melhorados nos dois grupos após o uso de uma dose única de sildenafila, sendo avaliados a longo prazo em um dos grupos. Após três e seis meses, respectivamente, os pacientes no grupo da sildenafila apresentaram redução da pressão arterial pulmonar sistólica (de 33,7 para 25,2 e 23,9 mmHg), do efeito de ergorreflexo na ventilação (6,9 para 2,3 e 1,9 l/min), da relação ventilação/produção de CO_2 (de 35,5 para 32,1 e 29,8) e do escore de dispneia (de 23,6 para 16,6 e 17,2). Os pacientes tratados tiveram aumento do fluxo mediado por vasodilatação (de 8,5% para 13,4% e 14,2%), do consumo de oxigênio máximo (de 14,8 para 18,5 e 18,7 ml/min/kg) e da relação do consumo de oxigênio para a taxa de trabalho (de 7,7 para 9,3 e 10,1). Todas as alterações foram significantes em relação ao placebo, com um $p < 0,01$. Não foram observados efeitos adversos à terapia, exceto por rubor em três pacientes.

Os dados observados nessa análise apontam para uma alternativa terapêutica focada em um dos aspectos da fisiopatologia da IC, o estímulo excessivo da ventilação pela atividade muscular esquelética. O uso crônico de sildenafila, atenuando essa alteração por uma ação mediada pelo endotélio, melhorou o uso de oxigênio no exercício, bem como a eficiência aeróbica de um pequeno grupo de pacientes com IC, alcançando, inclusive, diminuição de sintomas sem efeitos adversos maiores. Esses resultados oferecem embasamento para o delineamento de ensaios clínicos maiores com essa droga em pacientes com IC.

1.7. Tezosentan

A IC aguda é uma causa comum de admissões em serviços de emergência, tendo como principal sintoma a dispneia, causada pelo aumento da pressão capilar pulmonar, frequentemente associada à diminuição do índice cardíaco e aumento na resistência vascular sistêmica. Nessa situação, os pacientes são comumente tratados com diuréticos, vasodilatadores e inotrópicos, embora a evidência para o seu uso individual, ou em combinação, seja fraca.

As endotelinas são peptídeos com potente ação vasoconstritora, que em altas concentrações plasmáticas correlacionam-se com mau prognóstico em pacientes com IC. O tezosentan é um antagonista de curta ação dos receptores das endotelinas tipos A e B, desenvolvido para uso intravenoso. Consiste em um potente vasodilatador que diminui a resistência vascular e a pressão capilar pulmonar.

O estudo VERITAS[7] teve como objetivo determinar se o tezosentan poderia ter efeitos favoráveis nos sintomas e desfechos clínicos de pacientes com IC aguda. O programa VERITAS foi constituído de dois estudos idênticos e independentes - VERITAS-1 e VERITAS-2, nos quais foram estudados pacientes admitidos no hospital por IC aguda com dispneia ao repouso. O diagnóstico de IC deveria ser baseado na presença de dois de quatro critérios: (1) elevada concentração de peptídeo natriurético tipo-B (BNP) ou terminal-N pró-BNP; (2) edema pulmonar ao exame físico; (3) evidência radiológica de congestão pulmonar ou edema; (4) disfunção ventricular esquerda (fração de ejeção < 40%). Além disso, o paciente deveria ter recebido, pelo menos, uma dose de um diurético intravenoso há 24 horas ou menos e, pelo menos, duas horas antes do início da administração da droga do estudo.

Os pacientes foram randomizados para receber infusão de tezosentan IV, na dose de 5 mg/h por 30 minutos, seguida por 1 mg/h por pelo menos 24 horas (até 72 horas), ou placebo, que consistia em infusão de quantidade de volume idêntica de solução salina (104 ml nas primeiras 24 horas).

Como desfechos primários foram considerados: dispneia após as 24 horas iniciais de tratamento, mensurada em 3, 6 e 24 horas de infusão. A dispneia foi mensurada por uma escala analógica visual (VAS), com escores de 0 a 100, sendo zero a mais insignificante falta de ar e 100 a pior dispneia sentida na vida. O desfecho primário de eficácia, para os dois estudos, foi a incidência de morte ou piora da dispneia em sete dias.

Os desfechos secundários consistiam em determinar se o tezosentan seria capaz de reduzir a incidência de morte ou de desfechos cardiovasculares maiores em 30 dias, melhorar medidas hemodinâmicas em 24 horas (em pacientes com cateter em artéria pulmonar por indicação clínica), reduzir a duração da hospitalização inicial e permanência no hospital em período de 30 dias e influenciar na mortalidade em seis meses.

Dos 1.435 pacientes estudados, 60% eram homens acima de 70 anos, 73% já possuíam IC antes da admissão, 52% tinham história de IAM e 79% de HAS. A fração de ejeção foi avaliada em 54% dos pacientes, ficando em uma média de 29%. A maioria foi admitida no estudo pela evidência clínica (90%) ou radiológica (83%) de congestão pulmonar ou edema. Os diuréticos IV foram utilizados em 100% dos casos, os IECA's ou BRA's foram usados em 63% dos pacientes, os betabloqueadores em 47%, e a espironolactona em 19%.

O valor médio do teste visual (VAS) no início do estudo foi semelhante entre os grupos 66,5 (64,2 - 68,8) para o grupo tezosentan e 63,7 (61,5 - 65,9) para o placebo. O nível de dispneia diminuiu rapidamente em ambos os grupos após a randomização, porém não houve diferença entre os grupos ao final do estudo. Não houve melhora da dispneia no grupo do tezosentan em comparação com o placebo.

A incidência de morte ou piora da IC, em até sete dias da randomização, foi de 26% em ambos os grupos de tratamento (IC 95% 0,82 - 1,21; p = 0,95). Mesmo após análise de subgrupos (sexo, idade, etiologia, fração de ejeção, comorbidades, pressão arterial e função renal) não houve benefício no emprego do tezosentan.

O desfecho secundário de incidência de morte ou piora da IC, em até 30 dias, foi de 32% no grupo do tezosentan e 33% no do placebo. O número de mortes em seis meses foi 104 (14,3%) no grupo tezosentan e 101 (14,3%) no grupo placebo (HR 1,01; IC 95% 0,77 - 1,3).

Conclui-se que, no estudo VERITAS, baixa dose de tezosentan não foi capaz de melhorar a dispneia em pacientes admitidos por IC aguda, nem de melhorar o risco subsequente de morte ou desfechos cardiovasculares não-fatais.

2. TERAPIA DE IMUNOMODULAÇÃO

A associação de morbidade e mortalidade com IC crônica permanece, ainda, consideravelmente elevada. A ativação do sistema imune, em pacientes com IC sistólica, está relacionada a um aumento na concentração circulatória e tecidual de citocinas inflamatórias, à ativação do sistema do complemento e à presença de autoanticorpos específicos para antígenos cardíacos. Resultados em modelos animais com IC mostram que algumas citocinas inflamatórias e anticorpos anticardíacos podem produzir danos ao coração que levam a essa patologia.

O estudo ACCLAIM[8] teve como objetivo testar a hipótese de que estratégias com imunomodulação poderiam conferir benefícios na morbidade e mortalidade de pacientes com disfunção sistólica ventricular esquerda, classes funcionais II a IV da NYHA.

Os pacientes recrutados tinham 18 anos ou mais de idade, FEVE < 30% e recebiam tratamento ideal para IC por, pelo menos, duas semanas antes da randomização. Foram selecionados 2.426 pacientes, classes funcionais II a IV da NYHA, dos quais 1.213 receberam a terapia da imunomodulação e 1.213 placebo.

Os desfechos primários analisados pelo estudo foram morte por qualquer causa ou hospitalização devido a problemas cardiovasculares. Os secundários incluíam avaliação dos efeitos da terapia de imunomodulação no *status* clínico e na qualidade de vida do paciente. Além disso, eram analisadas mudanças na concentração da proteína C-reativa e na classe funcional da NYHA.

A avaliação da qualidade de vida foi feita através do *Minnesota Living with Heart Failure Questionnaire* (MLHFQ), aplicado antes da randomização e a cada três meses até o final do estudo.

Não houve diferença estatisticamente significativa no desfecho primário (morte por qualquer causa ou hospitalização devido a problemas cardiovasculares) entre o grupo tratado com a terapia da imunomodulação e o grupo placebo. Os efeitos adversos também não mostraram diferenças estatísticas entre ambos os grupos. No entanto, em pacientes classe funcional II da NYHA, e em pacientes com história de infarto do miocárdio prévio, houve diferença estatisticamente significativa em relação ao desfecho primário ($p = 0,0003$ e $p = 0,02$, respectivamente). O MLHFQ mostrou uma melhora na qualidade de vida do grupo tratado com a imunomodulação comparado com o grupo placebo ($p = 0,04$).

Segundo os autores, a terapia não-específica da imunomodulação pode ter um papel essencial no tratamento de uma parcela da população com IC. Pacientes com história de IAM (sem levar em conta sua classe funcional) e pacientes classe funcional II da NYHA são beneficiados com a adição dessa terapia.

3. PROGRAMAS DE SUPORTE

A IC é um desafio para a saúde pública na atualidade e exige avanços terapêuticos para diminuir sua morbidade e mortalidade. Nos últimos anos, têm sido amplamente implementado programas de suporte não-medicamentoso para os pacientes portadores dessa patologia. Alguns desses programas foram estudados com relatos de efeitos favoráveis, tanto na morbidade (hospitalização) como na mortalidade. Apesar disso, nem todos apresentaram resultados positivos, permanecendo incerto quais componentes dos programas são primariamente responsáveis pelos efeitos favoráveis observados, e quão intensivos eles devem ser.

O estudo COACH[9] procurou examinar os efeitos de programas de suporte para IC, de dois níveis de intensidade diferentes (básico ou intensivo), nos desfechos combinados de morte ou readmissão no hospital. Para o estudo foram randomizados 1.049 pacientes admitidos no hospital por IC, classes funcionais II a IV da NYHA. Os pacientes possuíam evidência de doença cardíaca estrutural demonstrada em exame de imagem. Foram incluídos pacientes com fração de ejeção ventricular esquerda alterada ou normal. Os critérios de exclusão do estudo eram pacientes com cirurgia cardíaca, no mínimo em até seis meses, ou casos de transplante. Os pacientes foram divididos em três grupos: o grupo de suporte básico, o de suporte intensivo e o grupo-controle.

Foram considerados como desfechos primários hospitalização por IC ou morte por qualquer causa. O tempo de duração do estudo foi de 18 meses, e contemplou um período de seleção de 28 meses, iniciando em outubro de 2002 e encerrando em fevereiro de 2005, em 17 centros de referência. Os pacientes do grupo de suporte intensivo tiveram contato com o cardiologista e a enfermeira especializada, com visitas domiciliares dos profissionais, além de sessões adicionais. O grupo do suporte básico foi acompanhado somente pelo cardiologista e enfermeiros, sem acompanhamento domiciliar; e o grupo-controle ficou com os cuidados básicos, sem muito contato com especialista (somente hospitalar). As únicas intervenções nos pacientes foram restrições de sódio, incluir um diário para o paciente e as orientações habituais aos pacientes com insuficiência cardíaca. O fator mais importante da randomização foi os pacientes serem classificados pelo NYHA, e por esta classificação observou-se que 50% estavam entre a classe II e os outros 50% estavam divididos entre as classes III e IV. A média de idade dos pacientes ficou entre 71 anos de idade, variando de 23 a 93 anos. Foram incluídos pacientes com fração de ejeção normal ou diminuída, sendo que a média foi de 34%.

Os resultados do estudo mostraram que 40% dos pacientes foram hospitalizados por IC ou morreram, dentre estes, 42% no grupo-controle, 41% no de suporte básico e 38% no de suporte intensivo. Já o total de mortalidade foi de 29% no grupo-controle, 27% no de suporte básico e de 24% no de suporte intensivo, mostrando pouquíssima alteração entre os grupos.

Os autores não observaram diferenças entre os grupos, apesar de ocorrer uma redução de 15% na mortalidade por qualquer causa, juntamente com um pequeno aumento nas hospitalizações nos grupos com intervenção.

4. ABLAÇÃO SEPTAL ALCOÓLICA NA MIOCARDIOPATIA HIPERTRÓFICA

A obstrução dinâmica do trato de saída do ventrículo esquerdo é a responsável pelo desenvolvimento de dispneia, angina e síncope em pacientes portadores de miocardiopatia hipertrófica. Para os pacientes com sintomas severos e refratários à terapia farmacológica, a miomectomia septal cirúrgica é a opção de escolha que traz alívio dos sintomas, com baixa mortalidade. A ablação septal alcoólica tem emergido como uma terapia alternativa à cirurgia por ser menos invasiva. Apesar disso, a eficácia clínica da ablação permanece indefinida.

O estudo de Paul Sorajja e colaboradores[10] foi desenvolvido para analisar os resultados da ablação septal alcoólica comparada à cirurgia, em pacientes atendidos em um centro de referência terciária.

Entre os 601 pacientes com miocardiopatia hipertrófica obstrutiva gravemente sintomática, indicados para ablação septal por álcool ou miomectomia entre 1998 e 2006, 138 pacientes (idade média de 64 anos, 39% homens) optaram pela ablação. Complicações de procedimentos incluíram morte em 1,4%, arritmias ventriculares sustentadas em 3%, tamponamento em 3% e o implante de marca-passo em 20%. Esta taxa foi superior à taxa de complicação combinada de 5% nos pacientes, pareados por idade e por gênero, submetidos à miomectomia septal na Clínica Mayo (p = 0,0001). A sobrevida de quatro anos, livre de mortalidade, foi de 88% (IC 95% 79,4 - 97,5%), semelhante aos pacientes pareados por idade e por gênero submetidos à miomectomia (p = 0,18). Seis pacientes apresentaram arritmia ventricular após a ablação, quatro dos quais tiveram intervenções bem sucedidas. A sobrevida de quatro anos, livre de morte ou sintomas graves (classes III e IV da NYHA) após a ablação septal, foi de 76,4%; e 71 pacientes (51%) tornaram-se assintomáticos. Pacientes de miomectomia com 65 anos de idade ou menos, apresentaram significativamente maior sobrevida livre de sintomas graves e morte (p = 0,01).

Segundo os autores, a ablação septal alcoólica é um procedimento eficaz quando realizado em uma instituição com experiência e pode resolver os sintomas em um subconjunto de pacientes com miocardiopatia hipertrófica obstrutiva. No entanto, a taxa de complicação de procedimentos excede a taxa de complicação da miomectomia. Pacientes com 65 anos de idade ou menos têm uma melhor resolução dos sintomas com a miomectomia. Nenhum comprometimento da sobrevida em curto prazo foi observado no presente estudo não-aleatório, mas os resultados a longo prazo permanecem desconhecidos.

5. DISPOSITIVOS CARDÍACOS

5.1. Monitor hemodinâmico contínuo

Insuficiência cardíaca é caracterizada por hospitalizações e ocorrência de sintomas frequentes devido à congestão pulmonar. Para diminuir a frequência desses eventos, pacientes deveriam ser monitorados rigorosamente para detectar mudanças no *status* volume-fluido o que poderia justificar modificações na terapêutica desses indivíduos. Entretanto, os métodos de avaliação da volemia efetiva – como o exame médico ou radiografia do tórax – apresenta pouca correlação com o verdadeiro *status* volêmico em pacientes com IC crônica. Sinais precoces de descompensação não são facilmente detectados, perdendo, assim, a oportunidade de se realizar uma terapia efetiva.

O monitor hemodinâmico contínuo (ICHM) tem sido desenvolvido para controle de pacientes ambulatoriais com IC. Estudos comparando medidas de pressão intracardíaca registrada pelo ICHM, com aquelas obtidas através do cateter de *Swan-Ganz*, têm mostrado que o sistema é seguro e bem tolerado.

O estudo COMPASS-HF[11] teve como objetivo determinar se a estratégia de controle de pacientes com IC usando a monitorização da pressão intracardíaca poderia diminuir a morbidade relacionada à IC.

Os pacientes selecionados para o estudo tinham idade igual ou superior a 18 anos e classes funcionais III ou IV da NYHA. Eram manejados em centros com programa para IC avançada, recebiam terapia médica adequada por, no mínimo, três meses antes da inscrição no estudo e tinham pelo menos uma hospitalização ou visita à emergência relacionadas à IC nos últimos seis meses.

Foram selecionados 277 pacientes, dos quais 274 (99%) tiveram a implantação do sistema com sucesso. Os 274 foram randomizados em dois grupos: 134 pacientes para uso crônico do ICHM e 140 para grupo-controle. As características clínicas entre os dois grupos eram bem balanceadas, com exceção do uso de diuréticos (93% no grupo intervenção e 99% no grupo-controle). Entretanto, no 17º dia de randomização o diurético era usado por 99% dos pacientes em ambos os grupos.

O desfecho primário analisado incluía eventos relacionados à IC e ao número de hospitalizações causadas por essa patologia. Houve uma redução de 21% nos eventos relacionados à IC, comparando o grupo intervenção com o controle, mas essa diferença não foi estaticamente significativa (p = 0,33). A não-hospitalização, relacionada à IC, foi igualmente rara em ambos os grupos.

A análise da eficácia retrospectiva foi feita usando o tempo para a primeira hospitalização por insuficiência cardíaca depois da randomização. Durante o período em que os pacientes foram acompanhados, 37 indivíduos do grupo que usava a monitorização foram hospitalizados por IC, comparados com 57 pacientes do grupo-controle (HR 0,64; IC 95% 0,42 - 0,96; p = 0,03). Isso representa uma redução de 36% no risco relativo de hospitalizações relacionadas à insuficiência cardíaca no grupo com a implantação.

Segundo os autores, em pacientes com IC moderada ou severa, a adição de ICHM, para melhorar o manejo clínico dessa doença, não reduz significativamente a taxa de eventos relacionados a essa patologia.

5.2. Terapia de ressincronização cardíaca

5.2.1. Variáveis relacionadas à resposta da terapia de ressincronização cardíaca

Em pacientes com IC moderada à severa, causada por disfunção ventricular esquerda, e com prolongamento do intervalo QRS, a terapia de ressincronização cardíaca (CRT) melhora a função cardíaca, sintomas, qualidade de vida e prognóstico. A resposta clínica à CRT é bastante variável, e até o momento, sua predição com base em algumas variáveis tem sido limitada.

O estudo CARE-HF[12] teve como objetivo avaliar a mortalidade geral a longo prazo. Foram analisados pacientes com sintomas moderados ou severos de IC apesar de tratamento com diuréticos de alça, FEVE < 35% e marcadores de dissincronia cardíaca, que estavam em ritmo sinusal e recebendo terapia farmacológica otimizada. QRS ≥ 120 ms no ECG foi utilizado como marcador de dissincronia cardíaca, mas pacientes com QRS entre 120 e 149 ms precisavam de, pelo menos, dois marcadores ecocardiográficos de dissincronia: atraso de pré-ejeção aórtica > 40 ms, atraso mecânico interventricular > 40 ms ou atraso na ativação da parede póstero-lateral do ventrículo esquerdo.

O desfecho de interesse considerado foi a mortalidade por todas as causas. As variáveis estudadas como possíveis preditoras dos resultados foram: regurgitação mitral, atraso mecânico interventricular, índice do volume sistólico final, FEVE, QRS, idade, BNP pró-terminal, PA sistólica, taxa de filtração glomerular (TFG), índice de massa corpórea (IMC), cardiopatia isquêmica, uso de betabloqueador, uso de furosemida ≥ 80 mg ou equivalente, classe IV da NYHA, sexo masculino.

Um total de 813 pacientes foram randomizados para receber, ou não, a CRT, e 721 foram alocados apenas com base em um QRS > 150 ms. Os pacientes que receberam CRT apresentaram uma grande redução na duração do QRS, no atraso mecânico interventricular, no índice do volume sistólico final, na regurgitação mitral, no BNP pró-terminal e maior aumento na PA e FEVE. As TFG's foram similares.

Em um período médio de 37,6 meses, 154 pacientes do grupo-controle e 101 do grupo CRT morreram. A análise univariada mostrou que a maioria das 15 variáveis analisadas, com exceção de sexo, duração do QRS e IMC, predisseram a sobrevida. Maior atraso mecânico interventricular foi preditor de um melhor desfecho. Na análise multivariada, variáveis da linha de base que predisseram menor sobrevida foram cardiopatia isquêmica (p = 0,0066), atraso mecânico interventricular menos severo (p = 0,0029) e classe funcional da NYHA mais severa (p = 0,0020). Outras informações para prognóstico independentes foram o BNP pró-terminal (p < 0,0001) e a severidade da regurgitação mitral (p < 0,0001) medidos aos três meses. O BNP pró-terminal medido aos três meses de tratamento foi o mais forte marcador prognóstico.

O *hazard ratio* não ajustado para mortalidade nos pacientes com CRT foi de 0,60 (IC 95% 0,47 - 0,77; p < 0,0001). Após ajuste para variáveis medidas na linha de base ao terceiro mês foi de 0,67 (IC 95% 0,49 - 0,91; p = 0,0113).

Ao final do estudo, conclui-se que pacientes que possuíam regurgitação mitral mais severa, ou elevação persistente do BNP pró-terminal, apesar do tratamento para IC, incluindo CRT, tinham mortalidade mais alta. Entretanto, os pacientes que receberam a CRT tiveram mortalidade menor, mesmo após ajuste para variáveis medidas antes, e após três meses de terapia. O efeito da CRT na mortalidade não pode ser predito usando essas informações.

5.2.2. Terapia de ressincronização cardíaca em pacientes com QRS estreito

As indicações de CRT em pacientes com IC incluem um intervalo QRS alargado (≥ 120 ms), associado a outro critério funcional. Entretanto, existe uma população substancial de pacientes que possui dissincronia mecânica do ventrículo esquerdo e um intervalo

QRS estreito. Pequenos estudos anteriores sugeriram que esses pacientes também poderiam beneficiar-se da CRT, mas nenhum estudo prospectivo, randomizado e controlado avaliou essa hipótese.

O estudo RethinQ,[13] um ensaio clínico duplo-cego, que avaliou a eficácia da CRT em pacientes com uma indicação padrão para uso de cardioversor-desfibrilador implantável (CDI) – miocardiopatia isquêmica ou não e FEVE ≤ 35%, IC classe funcional III da NYHA, intervalo QRS < 130 ms e evidência de dissincronia mecânica na ecocardiografia.

Foram alocados 172 pacientes que possuíam indicação padrão para uso de CDI. Eles receberam o dispositivo para CRT e após foram randomizados para o grupo CRT (87 pacientes) ou para o grupo-controle (85 pacientes). O desfecho primário foi a proporção de pacientes que teve um aumento de, pelo menos, 1 ml/kg de peso corporal por minuto, no pico de consumo de oxigênio ao teste de esforço cardiopulmonar seis meses após o início do estudo. Os desfechos secundários incluíam melhora no escore de qualidade de vida e na classe funcional da NYHA, seis meses após a linha de base.

Ao sexto mês, a proporção de pacientes com o desfecho primário não diferiu significativamente entre o grupo CRT e o controle (46% e 41%, respectivamente; p = 0,63). Também não houve diferença entre os grupos nos escores de qualidade de vida, resultado do teste de caminhada em seis minutos, ou medidas ecocardiográficas. O grupo CRT teve uma melhora significativa na classe funcional da NYHA (54%) quando comparado com o grupo-controle (29%; p = 0,006).

Ao final de seis meses, a sobrevida cumulativa foi de 94,2% (IC 95% 86,7 - 97,6) no grupo CRT e 98,8% (IC 95% 91,9 - 99,8) no grupo-controle (p = 0,11 no *log-rank test*). A proporção cumulativa de pacientes livres de morte causadas por piora da IC foi de 97,7% (IC 95% 91,1 - 99,4) no grupo CRT e 98,8% (IC 95% 91,9 - 99,8) no grupo-controle (p = 0,58 no *log-rank test*).

Conclui-se, ao término do estudo, que a CRT não foi capaz de melhorar o pico de consumo de oxigênio em pacientes com IC moderada a severa, trazendo a evidência de que pacientes com IC e intervalo QRS estreito podem não se beneficiar com a terapia de ressincronização cardíaca.

5.3. Cardioversor-desfibrilador implantável

5.3.1. Prognóstico dos choques desfibrilatórios

Estudos prévios apontaram que os cardioversores-desfibriladores implantáveis proporcionam um aumento da sobrevida em pacientes com elevado risco para morte súbita, mas que não tiveram arritmia ventricular sustentada. Com base nesses dados, *guidelines* recentes consideram a implantação de um CDI como prevenção primária (prevenção de primeiro evento arrítmico potencialmente fatal). Acredita-se que pacientes que recebem o CDI como prevenção primária, e que subsequentemente recebam um choque desfibrilatório apropriado, podem ter um prognóstico diferente do que aqueles que não tiveram um choque. O estudo MADIT II mostrou que o risco de morte está aumentado em três vezes nos pacientes que recebem terapia apropriada com o CDI, entretanto, ainda há pouca evidência que sustente a importância do reconhecimento desses fatores na prática clínica.

Um subestudo do SCD-HeFT[14] teve como objetivo avaliar a significância dos choques desfibrilatórios, apropriados e inapropriados, em relação ao prognóstico a longo prazo.

Foram analisados os pacientes do estudo SCD-HeFT que haviam sido randomizados para receber terapia com CDI. Esses pacientes possuíam IC de classes II ou III da NYHA e uma FEVE < 35%, mas sem episódio prévio de arritmia ventricular sustentada. O número de pacientes estudados foi de 811, todos portadores de CDI. Os mecanismos de disparo eram taquicardia ventricular ou fibrilação ventricular (classificados como disparos apropriados), fora estas duas situações não ocorriam choques no coração. O estudo teve uma duração de 45,5 meses.

Durante o estudo, 269 pacientes (33,2%) receberam, pelo menos, um choque do desfibrilador, enquanto 542 (66,8%) não receberam nenhum choque. Entre os pacientes que receberam choques, o mecanismo desencadeante foi apropriado em 87 (32,3%).

Os pacientes que receberam choques apropriados tinham uma fração de ejeção mais baixa, tinham classificação NYHA mais alta e possuíam uma tendência maior a ter fibrilação atrial.

Ocorreram 173 mortes entre os 811 pacientes que tiveram CDI implantado. Entre os 182 pacientes que receberam um ou mais choques apropriados, houve 67 mortes (36,8%). Dez mortes (11,5%) ocorreram entre aqueles que receberam apenas choques inapropriados. Ocorreram 86 mortes (15,9%) entre 542 pacientes que não lembravam se haviam recebido choque ou não.

Um choque apropriado, comparado com o inapropriado, estava associado a um risco cinco vezes maior (HR 5,68; IC 95% 3,97 - 8,12; p < 0,001) e um choque inapropriado, quando comparado a um não-inapropriado, estava associado a um risco de quase o dobro de morte (HR 1,98; IC 95% 1,29 - 3,05; p = 0,002). Assim, entre os choques apropriados, em comparação com os não-apropriados, notou-se um aumento do risco de morte por qualquer causa.

O tempo médio de sobrevida após as descargas em qualquer classificação de choque foi de 204 dias, sendo que os pacientes que receberam um choque apropriado, ou mais, sobreviveram 168 dias e os que receberam choques inapropriados 294 dias. Já os pacientes que sobreviveram mais que 24 horas após o choque adequado mantiveram seu risco de morte alto. E observou-se que a causa mais comum de morte progressiva foi a IC.

Os autores concluíram que pacientes que receberam choques de qualquer classificação tiveram uma sobrevida pior, do que os pacientes que não receberam choque algum.

5.3.2. Qualidade de vida em pacientes com cardioversor-desfibrilador implantável

Os CDI's prolongam a vida de pacientes com alto risco para morte súbita por redução da fração de ejeção ventricular esquerda. Entretanto, não se sabe se esse aumento na sobrevida é acompanhado por uma piora na qualidade de vida do paciente.

Um subestudo do SCD-HeFT[15] comparou a qualidade de vida entre os pacientes portadores de CDI e pacientes tratados com amiodarona. Foram analisados 2.521 pacientes que se enquadravam nos critérios do estudo (idade acima de 18 anos, classes II e III crônicas da NYHA e FEVE ≤ 35%). Esses pacientes foram randomizados em três grupos: terapia otimizada para IC em associação com amiodarona, placebo, ou CDI. Juntamente com esta divisão, foram aplicados questionários e escalas (seis ao todo) para avaliar a qualidade de vida dos pacientes, tanto física quanto emocional. O desfecho primário foi visualizar as mortes por qualquer causa e a avaliação da qualidade de vida dos pacientes com os implantes e a droga associada.

Observou-se que a qualidade de vida, em termos de bem-estar psicológico, no grupo que recebeu o CDI, quando comparado com o grupo tratado apenas com terapia médica, teve uma melhora significativa aos três meses (p = 0,01) e aos 12 meses (p = 0,003), mas não aos 30 meses. Não houve diferença clínica, ou estatisticamente significante, no funcionamento físico entre os dois grupos. Outras medidas adicionais de qualidade de vida foram melhorados no grupo do CDI aos três meses, 12 meses ou ambos, mas não houve diferença significativa aos 30 meses. Verificou-se também, que choques desfibrilatórios no mês que precedia a visita médica, estiveram associados a um decréscimo na qualidade de vida em múltiplos domínios dos escores utilizados. O uso da amiodarona não teve efeitos significativos nos desfechos primários de qualidade de vida.

Ao término do estudo, os autores observaram que na prevenção primária para IC moderada, a terapia com o CDI isolado não foi associada a nenhum efeito adverso na qualidade de vida em um período de seguimento de 30 meses.

5.4. Terapia de modulação da contratilidade cardíaca

Tanto a terapia médica quanto a terapia baseada em dispositivos cardíacos têm melhorado os desfechos de pacientes portadores de IC crônica. A terapia de ressincronização cardíaca tem sido considerada padrão para pacientes que possuem IC sintomática e atraso na condução miocárdica, vista através de um QRS alargado. Entretanto, estima-se que menos da metade dos pacientes com IC têm dissincronia e cerca de 30% dos que recebem esses dispositivos são considerados não-responsivos.

Uma nova forma de terapia elétrica, chamada modulação da contratilidade cardíaca (*cardiac contractility modulation*) foi proposta para aumentar a força de contração ventricular de forma independente da contração miocárdica. Estudos clínicos não-randomizados iniciais, com aplicação da modulação da contratilidade cardíaca (CCM) em curto prazo em pacientes com IC, têm demonstrado efeitos hemodinâmicos agudos e sugerido melhora da qualidade de vida e na função ventricular.

O estudo de Martin M. Borggrefe e colaboradores,[16] publicado no *European Heart Journal* em fevereiro de 2008, teve como objetivo avaliar a segurança e a eficácia da CCM. Foram incluídos pacientes com idade superior a 18 anos, que apresentavam IC sintomática (classe funcional ≥ II da NYHA), miocardiopatia isquêmica ou idiopática, FEVE ≤ 35% e pico de consumo (pico de VO_2) entre 10 e 20 ml de O_2 min/kg. Esses pacientes deveriam estar recebendo tratamento médico adequado para IC, incluindo diurético, inibidores da enzima de conversão da angiotensina e/ou antagonista do receptor da angiotensina e betabloqueador. Poderiam possuir CDI ou marca-passo implantados previamente.

Os pacientes foram randomizados, e aqueles que tiveram implante de CCM com sucesso foram randomicamente designados para receber tratamento ativo com CCM (grupo 1: sinais por sete períodos de uma hora, espaçados durante o dia) ou para um grupo-controle (que permanecia com CCM desligado - grupo 2) por 12 semanas (fase I do estudo). Nos 12 meses subsequentes (fase II do estudo), todos os pacientes mudaram para o tratamento oposto.

Os desfechos primários considerados foram a diferença ao final de cada fase nas medidas do pico de VO_2 e na qualidade de vida, medida através do *Minnesota Living with Heart Failure Questionnaire* (MLWHFQ).

Participaram do estudo 164 pacientes, dos quais 80 foram alocados para o grupo 1 e 84 para o grupo 2. As características destes sujeitos na linha de base eram semelhantes, exceto por uma proporção maior de pacientes com miocardiopatia isquêmica no grupo 1. A FEVE média era de 29%, pico de VO_2 13,9 ml/kg/min e duração do QRS de 118 ms; 62% tinham CDI.

Durante a fase I, o pico de VO_2 aumentou de modo semelhante, em ambos os grupos, em cerca de 0,4 ml/kg/min independentemente se o dispositivo estava desligado ou não (grupo 1: 0,40 ± 0,37 e grupo 2: 0,37 ± 0,41). Na segunda fase, o pico de VO_2 continuou aumentado nos pacientes que cruzaram do grupo-controle para o do tratamento ativo, enquanto o VO_2 diminuiu em cerca de 0,8 ml/min/kg naqueles que foram para o grupo-controle. A média de VO_2 aumentou significativamente enquanto os pacientes permaneciam no grupo ativo comparado com o grupo-controle, em 0,52 ± 1,39 O_2/kg/min (t = 2,16; p = 0,032; IC 95% 0,04 - 0,99).

O MLWHFQ melhorou em ambos os grupos durante a fase I, mas a melhora teve tendência a ser superior em pacientes recebendo o tratamento ativo (grupo 1). Assim como ocorreu com o pico de VO_2, o MLWHFQ regrediu quando os sujeitos do grupo 1 passaram do tratamento ativo para o controle, e houve um aumento continuado naqueles que cruzaram do grupo-controle para o tratamento ativo. A média de valores do escore

MLWHFQ melhorou significativamente enquanto os pacientes estavam no grupo de tratamento ativo do que no controle, com aumento de 2,93 ± 8,01 (t = 2,20; IC 95% 0,29 - 5,56; p = 0,030).

Ao término do estudo, os autores concluíram que em pacientes com IC e disfunção ventricular esquerda, a terapia de modulação da contratilidade cardíaca parece ser segura. A tolerância ao exercício e a qualidade de vida foram significativamente melhores nos pacientes que receberam tratamento ativo com CCM em um período de três meses.

5.5. Dispositivo como alternativa para insuficiência cardíaca descompensada sem resposta ao tratamento clínico

As descompensações de IC estão entre as principais causas de internação cardiológica em todo o mundo, além da IC levar a um alto percentual de reinternações e gastos com tratamentos. Apesar dos avanços no manejo da IC crônica a nível ambulatorial, progressos no tratamento das exacerbações agudas da IC andam lentamente. Diversos sistemas de suporte circulatório mecânico são aprovados para a prática clínica, mas com aplicabilidade apenas em centros especializados. A busca por métodos mais simples e menos invasivos que alcançassem resultados clínicos significativos, levou à criação de um método de fluxo aórtico contínuo por cateteres implantáveis e controle por uma pequena bomba de circulação extracorpórea, com mínima hemólise. A partir de um modelo canino, um estudo piloto identificou melhora de padrões hemodinâmicos em humanos.

O ensaio clínico multicêntrico, randomizado, MOMENTUM[17] avaliou desfechos clínicos e hemodinâmicos com o uso de um método de fluxo aórtico contínuo, comparado ao tratamento clínico exclusivo. Foram incluídos 168 pacientes com FE ≤ 35% e piora clínica, hemodinâmica e renal apesar do tratamento padrão para IC, mais o uso por 24 horas de pelo menos uma droga inotrópica ou vasodilatadora, por via intravenosa, em dose mínima, além de uma medida de pressão em cunha capilar pulmonar ≥ 18 mmHg por 12 horas continuamente e ≥ 20 mmHg no momento da randomização, índice cardíaco < 2,4 l/min/m^2 e creatinina sérica > 1,2 mg/dl ou o uso de furosemida intravenosa em dose ≥ 120 mg/dia.

Os pacientes foram randomizados entre os grupos de tratamento clínico mais o sistema de aumento do fluxo aórtico contínuo e o grupo-controle, com apenas o tratamento clínico, numa relação de 1:1, mudada para 2:1 para aumentar a experiência com o suporte mecânico. Dos

168 pacientes, 109 foram incluídos no grupo com o dispositivo e 59 no grupo-controle. O desfecho primário foi uma composição de sucesso técnico (grupo somente com dispositivo - obtenção de fluxo ≥ 1 l/min por ≥ 24 h), sucesso hemodinâmico (declínio médio da linha de base da pressão em cunha capilar pulmonar ≥ 5 mmHg, calculado como a média de valores em 72 a 96 horas) e sucesso clínico (de 1 a 35 dias após a randomização, um dos seguintes: ≥ 10 dias consecutivos com vida fora do hospital sem suporte mecânico alternativo, ausência de morte, ausência de reinternação por IC). Entre os desfechos secundários foram analisadas as mudanças no índice cardíaco e no escore do *Kansas City Cardiomyopathy Questionnaire* (KCCQ). No desfecho de segurança, foi analisado o número de pacientes, com alguns dos seguintes eventos, em 65 dias após a randomização: morte, isquemia de membro, AVE, insuficiência renal, embolia pulmonar e sangramento.

O desfecho primário ocorreu em 17,4% dos pacientes no grupo do dispositivo e em 13,6% no grupo-controle (p = 0,45). O índice cardíaco aumentou progressivamente no grupo do dispositivo (2,05 ± 0,53 para 2,44 ± 0,52 l/min/m²), o que não aconteceu no grupo-controle (p = 0,0001). Os escores do KCCQ, medidos após duas semanas e após 35 dias da randomização, aumentaram em 38,4 ± 22,7 para o grupo do dispositivo e em 31,2 ± 26,0 para o grupo-controle (p = 0,10). A ocorrência de sangramentos maiores foi de 16,5% no grupo do dispositivo (7,3% relacionados ao tratamento) e de 5,1% no grupo-controle (p = 0,05). De um cálculo amostral inicial de 200 pacientes, o estudo foi interrompido prematuramente pela incapacidade de demonstrar benefício significante no desfecho primário, em face do excesso de sangramentos no grupo do dispositivo, conforme análise preliminar.

Nesse estudo, que inclui pacientes graves com IC descompensada não-responsiva ao tratamento, observamos uma melhora dos padrões hemodinâmicos com uma nova alternativa de suporte circulatório mecânico, baseada no aumento do fluxo aórtico contínuo por um dispositivo implantado por via percutânea, menos invasiva. Apesar disso, o estudo não conseguiu demonstrar um melhor resultado no desfecho primário, dado a dificuldade de obter sucesso clínico em um grupo de pacientes com doença tão severa. Os resultados apontam para um maior esforço em identificar benefícios clínicos a longo prazo em pacientes submetidos a essa terapia, bem como na identificação dos fatores que aumentam o risco de sangramentos nesse grupo.

6. TREINAMENTO FÍSICO

Apesar dos avanços no tratamento farmacológico ou por dispositivos na IC, muitos pacientes permanecem com desempenho reduzido no exercício e pobre qualidade de vida. O treinamento físico tem ganhado aceitação cada vez maior como uma maneira efetiva de aumento da capacidade física e redução da morbidade. Enquanto a maioria das pesquisas apontam o exercício aeróbico como sendo capaz de melhorar e aumentar o consumo de oxigênio. Sabe-se que os pacientes com IC também sofrem de atrofia muscular progressiva, o que também deteriora a capacidade de se exercitar adequadamente. Desse modo, exercícios de resistência poderiam ser benéficos nesta população.

O estudo conduzido por Beckers e colaboradores[18] foi elaborado para comparar os efeitos do treinamento aeróbico e de resistência combinados (TC) com o treinamento aeróbico (TE), nas capacidades submáxima e máxima de exercício, parâmetros ventilatórios prognósticos e questões de segurança e qualidade de vida em pacientes com insuficiência cardíaca crônica.

Cinquenta e oito pacientes com insuficiência cardíaca crônica estável, de classes funcionais II e III da NYHA, com tratamento farmacológico adequado foram selecionados aleatoriamente e avaliados por seis meses, e divididos em dois grupos: TC [n = 28, 58 anos, FEVE 26%, consumo de O_2 (VO_2) máximo 18,1 ml/Kg/min], e TE (n = 30, 59 anos, FEVE 23%, VO_2 máximo 21,3 ml/Kg/min). Um aumento na carga de trabalho (p = 0,007) e um decréscimo na relação frequência cardíaca/carga de trabalho (p = 0,002) em performance submáxima foram significativamente maiores em pacientes treinados em TC, comparados aos treinados em TE. A capacidade máxima de exercício (*i. e.* VO_2 máximo, carga máxima) e a relação de economia de trabalho (carga máxima/VO_2 máximo) evoluíram de modo similar. Dentre os marcadores prognósticos, o tempo para alcançar metade do VO_2 máximo, após exercício máximo, foi reduzido mais significativamente no TC (p = 0,001). Quanto à força máxima em membro superior, esta teve um aumento significativo (p < 0,001) a favor do grupo TC. O TC também teve um efeito benéfico no aspecto da qualidade de vida relacionado à saúde, ou seja, 60% dos pacientes treinados em TC *versus* 28% dos treinados em TE, relataram uma diminuição dos sintomas cardíacos (OR = 3,86; IC 95% 1,11 - 12,46; p = 0,03). Não houve diferenças significativas no que diz respeito à melhoria da FEVE, evolução nas dimensões do VE, nem quanto aos dados de mortalidade e internações hospitalares por problemas cardiovasculares durante o acompanhamento.

Em pacientes com insuficiência cardíaca crônica, o TC teve um efeito mais pronunciado na capacidade submáxima de exercício, força muscular e qualidade de vida. Segundo os autores, devido a ausência de efeitos desfavoráveis na remodelação ventricular esquerda e nos parâmetros resultantes, bem como a melhora semelhante na capacidade aeróbica, poderiam facilitar uma maior aplicação desta modalidade particular de treinamento.

Ref.	Estudo	Hipótese	n	Exposição
1	STAMINA-HeFT	O tratamento da anemia com darbepoetina alfa, em pacientes com IC sintomática associada à anemia, poderia ter impacto clínico.	319	Darbepoetina alfa
2	ANDROMEDA	A dronedarona poderia reduzir morbidade e mortalidade em pacientes com IC severa por não conter iodo em sua fórmula.	627	Dronedarona
3	BNP-CARDS	O nesiritida, por inibir o sistema renina-angiotensina-aldosterona, poderia tratar pacientes com IC aguda descompensada sem deteriorar a função renal.	75	Nesiritida
4	OPT-CHF	A inibição da xantina oxidase pelo oxipurinol poderia melhorar a reação endotelial, a função miocárdica e a fração de ejeção em pacientes com ICC.	405	Oxipurinol
5	CORONA	A rosuvastatina, por suas ações pleiotrópicas de melhora da função endotelial e atividade inflamatória, poderia aumentar a sobrevida e bem-estar, reduzir a mortalidade dos pacientes com IC isquêmica, sistólica, sintomática e crônica.	5.011	Rosuvastatina
6	Sildenafil in heart failure	Uso crônico de sildenafila melhora a função endotelial e a capacidade no exercício em pacientes com IC crônica.	46	Sildenafila

Desfechos	Resultados
Primário: mudança na tolerância ao exercício físico no início do estudo e na 27ª semana do estudo. **Secundário:** mudança na classe funcional da NYHA e na qualidade de vida dos pacientes.	Não houve diferença estatisticamente significativa, entre o grupo placebo e o da darbepoetina alfa, no que diz respeito ao tempo de duração do exercício físico (desfecho primário) e à mudança na classe funcional NYHA (desfecho secundário).
Primários: morte por qualquer causa e hospitalização por piora da IC.	Não houve diferença significativa entre os grupos do estudo quanto ao desfecho primário, houve 53 eventos no grupo dronedarona (17,1%) e 40 no grupo placebo (12,6%) (HR no grupo dronedarona de 1,38; IC 95% 0,92 - 2,09; p = 0,12).
Primários: declínio significativo na função renal (pico de creatinina sérica ≥ 20%, em qualquer momento durante os sete primeiros dias de hospitalização, comparado com a creatinina da admissão) e mudança na creatinina sérica desde a admissão até o momento da alta e/ou no sétimo dia de hospitalização.	Não houve diferença em relação ao declínio da função renal, com 23% de ocorrência no grupo do nesiritida e 25% no grupo placebo (p = 0,85). Também não houve diferença na mudança de creatinina sérica (- 0,05 mg/dl no grupo nesiritida e 0,05 mg/dl no grupo placebo, p = 0,46).
Primário: classificação do *status* clínico do paciente em melhor, pior ou sem mudanças, em 24 semanas.	A distribuição de pacientes caracterizados como *status* clínico melhor, pior ou sem mudanças não diferiu significativamente entre o grupo oxipurinol e o placebo (p = 0,4211).
Primários: morte de causa cardiovascular, IAM e AVC não-fatais.	Desfechos primários ocorreram em 692 pacientes no grupo rosuvastatina (11,4 em 100 pacientes/ano) e em 732 pacientes no placebo (12,3 em 100 pacientes/ano), não havendo diferença significativa (p = 0,12).
Melhora de padrões ventilatórios no exercício, melhora da função endotelial, diminuição do efeito ergorreflexo, melhora de escores de qualidade de vida.	Redução da pressão arterial pulmonar sistólica, do efeito de ergorreflexo na ventilação da relação ventilação/produção de CO_2 e do escore de dispneia; aumento do fluxo mediado por vasodilatação, do consumo de oxigênio máximo e da relação do consumo de oxigênio para a taxa de trabalho (p < 0,01 para todos).

Ref.	Estudo	Hipótese	n	Exposição
7	VERITAS	O tezosentan, por ser antagonista dos receptores das endotelinas A e B e provocar vasodilatação sistêmica e pulmonar, poderia ter efeitos favoráveis nos sintomas e desfechos clínicos de pacientes com IC aguda.	1.435	Tezosentan
8	ACCLAIM	Estratégias com imunomodulação poderiam conferir benefícios na morbidade e mortalidade de pacientes com disfunção sistólica ventricular esquerda, classes funcionais II a IV da NYHA.	2.426	Imunomodulação não-específica.
9	COACH	Programas de suporte para pacientes com IC poderiam ter efeitos favoráveis tanto na morbidade (hospitalização) quanto na mortalidade.	1.049	Programas de suporte básico ou intensivo para pacientes com IC.
10	Outcome of alcohol septal ablation for obstructive hypertrophic cardiomyopathy	A ablação septal alcoólica é uma alternativa menos invasiva do que a miomectomia para tratamento da miocardiopatia hipertrófica obstrutiva.	601	Ablação septal alcoólica versus miomectomia.
11	COMPASS-HF	A estratégia de controle de pacientes com IC usando a monitorização da pressão intracardíaca, poderia diminuir a morbidade relacionada à IC.	277	Monitor hemodinâmico contínuo.
12	CARE-HF	Algumas variáveis presentes na linha de base, e a resposta inicial ao tratamento, poderiam predizer a resposta à terapia de ressincronização cardíaca.	813	Terapia de ressincronização cardíaca (CRT).

Desfechos	Resultados
Primários: dispneia após as 24 h iniciais de tratamento, mensurada em 3, 6 e 24 h de infusão.	O nível de dispneia diminuiu rapidamente em ambos os grupos após a randomização, porém, não houve diferença entre os grupos ao final do estudo. Não houve melhora da dispneia no grupo do tezosentan em comparação com o placebo.
Primários: morte por qualquer causa ou hospitalização devido a problemas cardiovasculares.	Não houve diferença estatisticamente significativa no desfecho primário entre o grupo tratado com a terapia da imunomodulação e o grupo placebo.
Primários: hospitalização por IC ou morte por qualquer causa.	Quarenta por cento dos pacientes foram hospitalizados por IC ou morreram (42% no grupo-controle, 41% no de suporte básico e 38% no de suporte intensivo). Já o total de mortalidade foi de 29% no grupo-controle, 27% no de suporte básico e de 24% no de suporte intensivo, mostrando pouquíssima alteração entre os grupos.
Primários: sobrevida livre de mortalidade em quatro anos.	A sobrevida de quatro anos, livre de mortalidade, foi de 88,0% (IC 95% 79,4 - 97,5%), Semelhante aos pacientes pareados por idade e por gênero, submetidos à miomectomia (p = 0,18).
Primários: eventos relacionados à IC e ao número de hospitalizações causadas por essa patologia.	Trinta e sete indivíduos do grupo que usava a monitorização foram hospitalizados por IC, comparados com 57 pacientes do grupo-controle (HR 0,64, IC 95% 0,42 - 0,96, p = 0,03). Redução de 36% no RR de hospitalizações relacionadas com IC no grupo com a implantação.
Primário: mortalidade por todas as causas. Variáveis que poderiam predizer o desfecho: regurgitação mitral, atraso mecânico interventricular, índice do volume sistólico final, FEVE, QRS, idade, BNP pró-terminal, PA sistólica, TFG, IMC, cardiopatia isquêmica, uso de betabloqueador, uso de furosemida ≥ 80 mg, ou equivalente, classe IV da NYHA, sexo masculino.	*Hazard ratio*, não ajustado para mortalidade nos pacientes com CRT, foi de 0,60 (IC 95% 0,47 - 0,77; p < 0,0001). Após ajuste para variáveis medidas na linha de base, no terceiro mês, foi de 0,67 (IC 95% 0,49 - 0,91; p = 0,0113). Nenhuma variável analisada se mostrou preditora de resposta à CRT.

Ref.	Estudo	Hipótese	n	Exposição
13	*RethinQ*	Pacientes com IC e dissincronia mecânica do ventrículo esquerdo, mas com QRS estreito (< 130 ms), poderiam beneficiar-se com a ressincronização cardíaca.	172	Terapia de ressincronização cardíaca.
14	*SCD-HeFT* (subestudo)	Choques desfibrilatórios apropriados e inapropriados poderiam ter impacto no prognóstico a longo prazo de pacientes com IC e portadores de CDI.	811	Cardioversor-desfibrilador implantável (CDI).
15	*SCD-HeFT* (subestudo)	O uso de CDI em pacientes com IC e alto risco para morte súbita por redução da FEVE, poderia estar acompanhado de uma piora na qualidade de vida desses pacientes.	2.521	Cardioversor-desfibrilador implantável *versus* amiodarona.
16	*Non-excitatory, cardiac contractility modulation electrical impulses for symptomatic heart failure*	Uma nova forma de terapia elétrica chamada modulação da contratilidade cardíaca poderia aumentar a força de contração ventricular de forma independente da contração miocárdica, com efeitos hemodinâmicos agudos e melhora na qualidade de vida e função ventricular.	164	Terapia de modulação da contratilidade cardíaca (CCM).
17	*MOMENTUM*	Melhora dos padrões hemodinâmicos e dos desfechos clínicos em pacientes com IC crônica descompensada, com o uso do aumento de fluxo aórtico contínuo em adição ao tratamento clínico.	168	Dispositivo percutâneo de aumento de fluxo aórtico contínuo.
18	*Combined endurance-resistance training vs endurance training in patients with chronic heart failure*	Em pacientes com IC, o treinamento aeróbico e de resistência combinado é mais efetivo em aumentar a capacidade submáxima de exercício sem afetar o ganho em *performance* máxima.	58	Treinamento aeróbico e de resistência combinado.

Desfechos	Resultados
Primário: proporção de pacientes que tiveram um aumento de, pelo menos, 1 ml/kg/min no pico de consumo de oxigênio, ao teste de esforço cardiopulmonar, seis meses após o início do estudo.	Ao sexto mês a proporção de pacientes com o desfecho primário não diferiu significativamente entre o grupo CRT e o controle (46% e 41%, respectivamente; p = 0,63).
Número de choques apropriados ou inapropriados e seus efeitos prognósticos. Relação dos choques com mortes por qualquer causa.	Os choques foram apropriados em 32,3%. Em comparação com os não-apropriados, notou-se um aumento no risco de morte por qualquer causa; os pacientes que receberam choques de qualquer classificação tiveram uma sobrevida pior do que os pacientes que não receberam choques.
Primários: mortes por qualquer causa e a avaliação da qualidade de vida dos pacientes com os implantes e a droga associada.	A qualidade de vida em termos de bem-estar psicológico no grupo que recebeu o CDI, quando comparado com o tratado apenas com terapia médica, teve uma melhora significativa aos três meses (p = 0,01) e aos 12 meses (p = 0,003), mas não aos 30 meses. O uso da amiodarona não teve efeitos significativos nos desfechos primários de qualidade de vida.
Primários: diferença ao final de cada fase nas medidas do pico de VO_2 e na qualidade de vida, medida através do *Minnesota Living with Heart Failure Questionnaire* (MLWHFQ).	A média de VO_2 aumentou significativamente enquanto os pacientes permaneciam no grupo ativo, comparado com o grupo-controle, em 0,52 ± 1,39 O_2/kg/min (t = 2,16; IC 95% 0,04 - 0,99; p = 0,032). A média de valores do escore MLWHFQ melhorou significativamente enquanto os pacientes estavam no grupo de tratamento ativo do que no controle, com aumento de 2,93 ± 8,01 (t = 2,20; IC 95% 0,29 - 5,56; p = 0,030).
Primário: composição de sucessos técnico, hemodinâmico e clínico. **Secundários:** mudança nos padrões hemodinâmicos e clínicos. **Segurança:** eventos adversos em 65 dias.	Desfecho primário: 17,4% *vs* 13,6% (p = 0,45). Mudança no índice cardíaco após 72 à 96 h: 0,39 ± 0,64 *vs* 0,02 ± 0,52 (p = 0,0001). Sangramentos maiores: 16,5% (7,3 relacionados ao tratamento) *vs* 5,1% (p = 0,05).
Primário: carga de trabalho estável. **Secundários:** VO_2 máximo, parâmetros ventilatórios prognósticos, força em membros superiores e inferiores, qualidade de vida.	No grupo da intervenção: aumento na carga de trabalho e decréscimo na relação frequência cardíaca/carga de trabalho em *performance* submáxima; redução do tempo para alcançar metade do VO_2 máximo após exercício máximo; aumento da força no membro superior; maior diminuição dos sintomas cardíacos.

Referências Bibliográficas

[1] Ghali JK, Anand IS, Abraham WT, Fonarow GC, Greenberg B, Krum H, et al. Randomized double-blind trial of darbepoetin alfa in patients with symptomatic heart failure and anemia. Circulation. 2008 Jan 29; 117(4):526-35.

[2] Kober L, Torp-Pedersen C, McMurray JJ, Gotzsche O, Levy S, Crijns H, et al. Increased mortality after dronedarone therapy for severe heart failure. The New England journal of medicine. 2008 Jun 19; 358(25):2678-87.

[3] Witteles RM, Kao D, Christopherson D, Matsuda K, Vagelos RH, Schreiber D, et al. Impact of nesiritide on renal function in patients with acute decompensated heart failure and pre-existing renal dysfunction a randomized, double-blind, placebo-controlled clinical trial. Journal of the American College of Cardiology. 2007 Nov 6; 50(19):1835-40.

[4] Hare JM, Mangal B, Brown J, Fisher C, Jr., Freudenberger R, Colucci WS, et al. Impact of oxypurinol in patients with symptomatic heart failure. Results of the OPT-CHF study. Journal of the American College of Cardiology. 2008 Jun 17; 51(24):2301-9.

[5] Kjekshus J, Apetrei E, Barrios V, Bohm M, Cleland JG, Cornel JH, et al. Rosuvastatin in older patients with systolic heart failure. The New England journal of medicine. 2007 Nov 29; 357(22):2248-61.

[6] Guazzi M, Samaja M, Arena R, Vicenzi M, Guazzi MD. Long-term use of sildenafil in the therapeutic management of heart failure. Journal of the American College of Cardiology. 2007 Nov 27; 50(22):2136-44.

[7] McMurray JJ, Teerlink JR, Cotter G, Bourge RC, Cleland JG, Jondeau G, et al. Effects of tezosentan on symptoms and clinical outcomes in patients with acute heart failure: the VERITAS randomized controlled trials. Jama. 2007 Nov 7; 298(17):2009-19.

[8] Torre-Amione G, Anker SD, Bourge RC, Colucci WS, Greenberg BH, Hildebrandt P, et al. Results of a non-specific immunomodulation therapy in chronic heart failure (ACCLAIM trial): a placebo-controlled randomised trial. Lancet. 2008 Jan 19; 371(9608):228-36.

[9] Jaarsma T, van der Wal MH, Lesman-Leegte I, Luttik ML, Hogenhuis J, Veeger NJ, et al. Effect of moderate or intensive disease management program on outcome in patients with heart failure: Coordinating Study Evaluating Outcomes of Advising and Counseling in Heart Failure (COACH). Archives of internal medicine. 2008 Feb 11; 168(3):316-24.

[10] Sorajja P, Valeti U, Nishimura RA, Ommen SR, Rihal CS, Gersh BJ, et al. Outcome of alcohol septal ablation for obstructive hypertrophic cardiomyopathy. Circulation. 2008 Jul 8; 118(2):131-9.

[11] Bourge RC, Abraham WT, Adamson PB, Aaron MF, Aranda JM, Jr., Magalski A, et al. Randomized controlled trial of an implantable continuous hemodynamic monitor in patients with advanced heart failure: the COMPASS-HF study. Journal of the American College of Cardiology. 2008 Mar 18; 51(11):1073-9.

[12] Cleland J, Freemantle N, Ghio S, Fruhwald F, Shankar A, Marijanowski M, et al. Predicting the long-term effects of cardiac resynchronization therapy on mortality from baseline variables and the early response a report from the CARE-HF (Cardiac Resynchronization in Heart Failure) Trial. Journal of the American College of Cardiology. 2008 Aug 5; 52(6):438-45.

[13] Beshai JF, Grimm RA, Nagueh SF, Baker JH, 2nd, Beau SL, Greenberg SM, et al. Cardiac-resynchronization therapy in heart failure with narrow QRS complexes. The New England journal of medicine. 2007 Dec 13; 357(24):2461-71.

[14] Poole JE, Johnson GW, Hellkamp AS, Anderson J, Callans DJ, Raitt MH, et al. Prognostic importance of defibrillator shocks in patients with heart failure. The New England journal of medicine. 2008 Sep 4; 359(10):1009-17.

[15] Mark DB, Anstrom KJ, Sun JL, Clapp-Channing NE, Tsiatis AA, Davidson-Ray L, et al. Quality of life with defibrillator therapy or amiodarone in heart failure. The New England journal of medicine. 2008 Sep 4; 359(10):999-1008.

[16] Borggrefe MM, Lawo T, Butter C, Schmidinger H, Lunati M, Pieske B, et al. Randomized, double blind study of non-excitatory, cardiac contractility modulation electrical impulses for symptomatic heart failure. European heart journal. 2008 Apr; 29(8):1019-28.

[17] Greenberg B, Czerska B, Delgado RM, Bourge R, Zile MR, Silver M, et al. Effects of continuous aortic flow augmentation in patients with exacerbation of heart failure inadequately responsive to medical therapy: results of the Multicenter Trial of the Orqis Medical Cancion System for the Enhanced Treatment of Heart Failure Unresponsive to Medical Therapy (MOMENTUM). Circulation. 2008 Sep 16; 118(12):1241-9.

[18] Beckers PJ, Denollet J, Possemiers NM, Wuyts FL, Vrints CJ, Conraads VM. Combined endurance-resistance training vs endurance training in patients with chronic heart failure: a prospective randomized study. European heart journal. 2008 Aug; 29(15):1858-66.

DISLIPIDEMIA

CAMILA VIECCELI
Camila Casagrande Biasuz; Cyntia Luneli; Emile Guaragna; Fabríola Olmi

SUMÁRIO: 1. Fármacos: 1.1. Atorvastatina; 1.2. Pravastatina e atorvastatina; 1.3. Darapladib; 1.4. Ezetimibe/sinvastatina e niacina; 1.5. Pioglitazona; 1.6. Rimonabanto; 1.7. Sinvastatina com ou sem ezetimibe na hipercolesterolemia familiar; 1.8. Sinvastatina e pravastatina; 1.9. Atorvastatina em pacientes com doença coronariana e doença renal crônica - 2. Dietas e medidas comportamentais: 2.1. Dieta rica em carboidratos ou rica em gorduras?; 2.2. Diminuição da pressão arterial e colesterol LDL em *diabetes* mellitus; 2.3. Frequência para aferição do colesterol; 2.4. Sistemas de informação no tratamento da dislipidemia; 2.5. Efetividade da terapia na dislipidemia; 2.6. Obesidade e progressão da aterosclerose.

1. FÁRMACOS

1.1. Atorvastatina

A cirurgia para colocação de *bypass* arterial coronariano (CABG) é o tratamento mais avançado para doença coronariana,[1,2] porém, devemos ter em mente que este procedimento melhora os sintomas e diminui a mortalidade, mas não tem ação sobre a aterosclerose que continuará a progredir na artéria coronária nativa. Na realidade, o processo aterosclerótico na coronária nativa e nos enxertos de veia safena é acelerada, sendo o colesterol LDL uma importante causa.[3] A aterosclerose acelerada nesses pacientes resulta em angina recorrente em 15% e em eventos isquêmicos em 10%, cinco anos após a CABG.[1] O papel da diminuição agressiva de lipídios nos pacientes com CABG ainda não está suficientemente esclarecido. Para isto foi realizado o estudo *Intensive lipid-lowering with atorvastatin for secondary prevention in pacients after coronary artery bypass surgery.*[52]

Pacientes com níveis de LDL acima de 130 mg/dl sem tratamento, foram submetidos a um período de oito semanas de tratamento com 10 mg de atorvastatina diária. No final desta fase de tratamento, pacientes com LDL menor que 130 mg/dl foram randomizados em grupos para tomar 10 mg ou 80 mg de atorvastatina por dia. Dos 10.001 pacientes, 4.654 têm histórico de cirurgia de CABG.

O evento cardiovascular primário (desfecho primário) ocorreu em 529 pacientes com CABG (11,4%) e em 453 pacientes (8,5%) sem CABG prévio. Durante o acompanhamento, 262 pacientes (11,3%) no grupo de 80 mg e 371 pacientes (15,9%) no grupo de 10 mg necessitaram de revascularização coronariana através de CABG ou percutânea. O número de tratamentos necessários com 80 mg de atorvastatina, comparado com 10 mg, para prevenir um desses eventos foi 16.

Este estudo traz os resultados de redução do colesterol LDL, mas somente dos pacientes com CABG prévio. Faltaram os dados de redução no grupo sem CABG prévio. Este estudo não encontrou uma diferença estatística significativa na mortalidade total entre os grupos de 80 mg e 10 mg. Isto pode se dever a uma diminuição na morte por doença cardíaca coronariana e um aumento nas mortes não-cardiovasculares no grupo de 80 mg comparado ao de 10 mg.

Na conclusão do artigo lê-se que devido ao uso de atorvastatina 80 mg ocorreu uma redução nos níveis de colesterol, diminuindo eventos cardiovasculares e a revascularização repetida nos pacientes com CABG prévio. Porém, podemos concluir que um controle mais rigoroso do colesterol total e LDL, especialmente em pacientes com revascularização prévia, ou seja, grupo com mais riscos, está relacionado a uma diminuição de eventos primários, conclusão lógica, já que este é um fator de risco. A questão é se essa redução seria alcançada só com atorvastatina ou também com outras drogas redutoras do colesterol.

1.2. Pravastatina e atorvastatina

Inibidores da hidroximetilglutaril coenzima-A redutase (estatinas) são altamente efetivos na redução dos níveis plasmáticos do colesterol LDL e diminuem significativamente o risco cardiovascular.[4] O conceito de que as estatinas têm outros efeitos celulares não diretamente relacionados à redução do LDL-C vem recebendo crescente atenção.[5] Um dos efeitos pleiotrópicos das estatinas é a redução do *stress* oxidativo.

O estudo *The influence of pravastatin and atorvastatin on markers of oxidative stress hypercholesterolemic humans*[53] utilizou pacientes de 21 a 80 anos, com um colesterol LDL basal entre 130 e 220 mg/dl. Os indivíduos incluídos no estudo não poderiam estar participando de nenhuma outra terapia de redução do colesterol.

Antes do início do tratamento e 16 semanas após, isoprostanes urinários (8,12-iso-IPF2α-VI isoformas), fosfolipase A_2 associada à lipoproteína

(LP-PLA2), LDL oxidado (OxLDL) com anticorpo 4E6. Fosfolipídios oxidados/apolipoproteína B-100 (OxPL/apoB), com anticorpo E06, imunoglobulina IgG/IgM, autoanticorpos para malondialdehyde LDL (MDA-LDL), e apolipoproteína-B (apoB)-complexos imunes (IC) foram mensurados.

Concluindo, nem pravastatina 40 mg ou a atorvastatina 10 ou 80 mg reduziram a excreção urinária de isoprostane 8,12-iso-IPF2α-VI e tiveram efeitos adicionais variáveis nos marcadores de estresse oxidativo. Não houve mudanças no MDA-LDL autoanticorpos, mas significante diminuição foi notada nos complexos imunes.

1.3. Darapladib

O risco de eventos cardiovasculares persiste mesmo em pacientes com controle agressivo dos fatores de risco.[8] Esses achados sugerem a presença de mecanismos adicionais modificáveis no processo de aterosclerose. O início da aterosclerose, sua progressão e sua transição para os processos coronarianos agudos são acompanhados por uma inflamação focal no local das lesões.[9] Além disso, níveis elevados de biomarcadores inflamatórios na circulação têm sido encontrados em muitas populações de risco.[10,11]

Lipoproteína associada à fosfolipase A_2 é um biomarcador emergente do risco cardiovascular que é farmacologicamente modificável em estudo para revelar novos mecanismos da doença aterosclerótica vascular.

O estudo *The effect of darapladib on plasma lipoprotein-associated phospfolipase A_2 activity and cardiovascular biomarkers in patients with stable coronary heart disease or coronary heart disease risk equivalent*[54] é um estudo multicêntrico, randomizado, duplo-cego, placebo-controlado, de grupos paralelos que foi conduzido em 110 lugares de 15 países de novembro 2005 a junho 2006.

Os resultados deste estudo indicam que darapladib produz inibição substancial da atividade da LP-PLA2 na presença de terapia intensiva com estatinas e sugere que tal intervenção pode resultar em efeitos anti-inflamatórios sistêmicos adicionais.

1.4. Ezetimibe/Sinvastatina e Niacina

Além dos altos níveis de LDL-C, outros determinantes importantes do aumento do risco de doença coronariana cardíaca incluem baixos níveis de HDL-C e níveis elevados de triglicerídeos. Evidências recentes sugerem que o aumento nos níveis de HDL-C pode estar associado à redução na incidência de doença coronariana cardíaca, independente dos níveis de LDL-C.[16,17] A terapia que associa ao aumento do HDL-C a diminuição do LDL-C pode ser benéfica no tratamento de pacientes com dislipidemia combinada, que caracteristicamente tem níveis baixos de HDL-C, triglicerídeos elevados e uma preponderância de partículas pequenas e densas de LDL.[15, 16]

O estudo *Lipid-altering efficacy and safety of ezetimibe/simvastatin coadministered with extended-release niacin in patients with type IIa or type IIb hyperlipidemia*[55] possui 24 semanas, sendo a primeira parte de um estudo de 64 semanas, multicêntrico, randomizado, duplo-cego, em pacientes com hiperlipidemia tipo IIa ou IIb. Foram incluídos no estudo homens e mulheres com idade entre 18 a 79 anos, com níveis de LDL-C entre 130 e 190 mg/dl, níveis de triglicerídeos ≤ 500 mg/dl, e clínica e metabolicamente estáveis. Os pacientes foram estratificados de acordo com os níveis do LDL-C (130 a 159 mg/dl; 160 a 190 mg/dl) e dos triglicerídeos (≤ 200 mg/dl; 201 a 500 mg/dl).

Uma grande porcentagem dos pacientes descontinuou o estudo nos grupos niacina (25%) e ezetimibe/sinvastatina + niacina (23,3%), comparados com ezetimibe/sinvastatina (9,6%, $p < 0,001$) por causa dos efeitos clínicos adversos (vermelhidão primária). A incidência de outras experiências clínicas e laboratoriais adversas (reações hepáticas, musculares e gastrintestinais) foram similares em todos os grupos.

Somente os resultados da primeira parte do estudo estão descritos aqui, os resultados da segunda parte serão apresentados e analisados separadamente.

1.5. Pioglitazona

A hiperlipidemia familiar combinada (FCHL) é considerada um distúrbio genético heterogêneo comum (1% a 3% da população ocidental), conferindo um aumento no risco de doença coronariana prematura.[18, 19, 20] O fenótipo é caracterizado por níveis séricos elevados de colesterol e/ou triglicerídeos, apresentando baixo nível da lipoproteína de alta densidade (HDL) e níveis séricos elevados de apolipoproteína-B e lipoproteína de baixa densidade (LDL), além de possuir resistência insulínica.[21, 22]

Estudos recentes demonstraram, através de tomografia com emissão de pósitrons (PET), que sujeitos com risco aumentado de desenvolver doença arterial coronariana (fumantes e hiperlipidêmicos),[23, 24] possuem fluxo sanguíneo miocárdico e reserva coronariana anormais, aspectos semelhantes a pacientes com síndrome metabólica ou diabetes tipo 2 (DM2).

A natureza complexa da FCHL é de difícil tratamento, exigindo terapêutica medicamentosa combinada com diferentes agentes, apesar de existirem estudos demonstrando que o uso de tiazolidinedionas melhora os parâmetros lipídicos, pois ativa receptores da membrana nuclear, melhorando a sensibilidade à insulina,[25] tendo efeito favorável nos níveis de lípides séricos de pacientes diabéticos[26, 27] e não-diabéticos hipertensos.[28] Tiazolidinedionas já são reconhecidas por melhorar a função endotelial[29] e a utilização de glicose pelo miocárdio[30] (MGU) em pacientes com DM2, porém, não demonstraram efeito sobre o fluxo sanguíneo do miocárdio (MBF) em pacientes com DM2 tratados com insulina.[31]

O estudo *Pioglitazone improves myocardial blood flow and glucose utilizations in nondiabetic patients with combined hyperlipidemia*[56] analisou se o tratamento com tiazolidinedionas adicionado ao tratamento convencional para redução de lípides, pode melhorar a resistência à insulina periférica e miocárdica e MBF em pacientes com FCHL.

Ensaio clínico randomizado, duplo-cego e placebo-controlado, com duração de 16 semanas em pacientes com FCHL. Utilizando PET para medir MGU, MBF e reserva coronariana (CFR), na linha de base e depois de quatro meses de tratamento. Inclusão: pacientes poderiam estar usando estatina ou outro medicamento para redução de lipídeos, mas deveriam ter um ou mais parâmetros aumentados de lipídeos. Exclusão: diabetes tipo 1 ou 2, obesidade, patologias hepáticas ou insuficiência renal.

Nenhuma mudança foi observada no grupo placebo após o tratamento. Pacientes que receberam pioglitazona aumentaram a eliminação de glicose corporal e MGU, acompanhados por aumento do MBF. No grupo com pioglitazona, o HDL e a adiponectina aumentaram e a insulina plasmática diminuiu.

Este estudo piloto demonstrou vantagens na utilização de tiazolidinedionas associada ao tratamento convencional da FCHL, porém, como o próprio autor reconhece, a amostra é pequena.

1.6. Rimonabanto

A obesidade é considerada o principal fator de risco cardiovascular.[32, 33] Rimonabanto é o primeiro bloqueador seletivo do receptor de canabinoide tipo 1 e representa uma nova abordagem na manutenção de fatores de riscos cardiovasculares e metabólicos em sobrepeso e em pacientes obesos. O sistema de endocanabinoides (ECS) está envolvido na homeostasia e no metabolismo de lipídios e glicose do organismo.[34, 35] Os receptores de CB_1 estão presentes no tecido adiposo, fígado, pâncreas, músculo esquelético, trato gastrintestinal e várias regiões do cérebro.[36, 37, 38] A ativação ou o bloqueio do ECS é capaz de regular a expressão de adiponectina, disponibilidade de glicose estimulada por insulina e enzimas lipogênicas do fígado,[39, 40, 41] estando sua hiperatividade relacionada com a obesidade abdominal e diabetes tipo 2.[42, 43, 44]

Já foram realizados três ensaios demonstrando que o rimonabanto é capaz de reduzir o peso corporal e a obesidade abdominal, melhorando o metabolismo da glicose e lipídios depois de um ano. Foram publicados os resultados de dois anos do *RIO-Europe study*,[57] expondo a eficácia a longo prazo e a segurança do rimonabanto em reduzir os fatores de risco metabólico em pacientes com sobrepeso e obesos, trazendo novos dados sobre a tolerância oral da glicose, qualidade de vida relacionada com a saúde (HRQoL) e mudanças na ansiedade hospitalar e escala de depressão (HAD's).

É um estudo multicêntrico conduzido em centros da Europa e dos EUA, randomizado, duplo-cego, placebo-controlado com grupos paralelos e de dose fixa. Foram randomizados 1.507 pacientes, dentre homens e mulheres com idade igual ou superior a 18 anos, sob critérios de dislipidemia e/ou hipertensão com perda de peso de até 5 kg nos últimos três meses. Houve divisão em três grupos, administrando-se durante dois anos: 5 mg e 20 mg de rimonabanto e placebo. Foi utilizado o questionário *Weight on Quality of Life-Lite* para medir a qualidade de vida individual do paciente, bem como outros testes: SF-36 e IWOQL-Lite. Foram feitos também o teste oral de tolerância à glicose (TOTG) e de prevalência da síndrome metabólica, de acordo com os critérios do *National Cholesterol Education Program Adult Treatment Panel III* e de acordo com a definição mais recente da *International Diabetes Federation*.

Características prévias dos pacientes randomizados incluíram dieta médio-calórica e melhoras metabólicas obtidas no estudo prévio no decorrer de um ano. A perda de peso, da linha basal até os dois anos, na população com intenção de tratar foi significativamente maior com rimonabanto 20 mg (- 5,5 ± 7,7 kg) e 5 mg (- 2,9 ± 6,5 kg) do que no grupo placebo (-1,2 ± 6,8 kg). Rimonabanto produziu maiores reduções na circunferência abdominal, triglicerídeos, glicose e níveis de insulina. Reduziu a resistência à insulina e a síndrome metabólica entre os pacientes.

Houve aumento mais pronunciado no HDL-C no grupo rimonabanto 20 mg (1º ano: 8,1%; 2º ano: 10,8%) em relação ao placebo (1º ano: 8,4%; 2º ano: 9,3%). Entretanto, esses aumentos não foram atribuídos à perda de peso obtida no grupo com intenção de tratar. As análises nas alterações do colesterol HDL e triglicerídeos, em função da perda de peso aos dois anos, indicou maiores perdas no grupo recebendo rimonabanto 20 mg do que no grupo placebo, exceto para aqueles que apresentaram perda de peso igual ou maior que 10 kg. A tolerância à glicose, cujo valor médio era TOTG = 30 minutos, reduziu aos dois anos no grupo rimonabanto 20 mg e não alterou no grupo placebo. As alterações na pressão arterial não foram estatisticamente diversas nos dois grupos. A função fisiológica também evoluiu positivamente nos parâmetros secundários (SF-36) no grupo tratado com rimonabanto comparado ao placebo. Além disso, nos desfechos secundários, maior número de pacientes no grupo rimonabanto disseram estar muito ou excepcionalmente satisfeitos ao primeiro ou segundo ano em relação ao placebo (HRoQL). Os efeitos adversos foram similares entre os dois grupos no segundo ano e incluíram distúrbios psiquiátricos, tais como: ansiedade e depressão.

O estudo apresenta boa validade interna, visto terem sido respondidas as variáveis propostas quanto à redução de fatores de risco cardiometabólicos prévios através do bloqueio do receptor CB_1. Também tem boa validade externa, já que, teoricamente, o rimonabanto pode ser aplicado em outras situações gerais com populações de mesmas características. Entretanto, o trabalho não descreve o método duplo-cego utilizado.

1.7. Sinvastatina com ou sem Ezetimibe na Hipercolesterolemia Familiar

Sabe-se que a terapia combinada entre ezetimibe, um composto que inibe a absorção de colesterol ao se ligar à proteína NPC1L1, presente nos enterócitos,[45, 46] e as estatinas promovem um incremento na redução dos níveis de colesterol correspondente a 12 - 19%.[47, 48] Diferentemente, as estatinas, por si só, atuam na inibição da HMG-CoA, enzima responsável pela síntese de colesterol. Assim, é importante que se avalie a combinação entre esses dois compostos, visto os inúmeros paraefeitos gerados pelo uso de doses máximas da família das estatinas sem associações.[49]

O estudo *Simvastatin with or without ezetimibe in familial hypercholesterolemia*[58] analisou pacientes portadores de hipercolesterolemia familiar, tendo em vista o fato de que esses pacientes apresentam risco aumentado de desenvolver doença coronariana prematura e taxa de progressão da espessura arterial íntima-média elevada,[50] iniciando na infância.[51]

Estudo prospectivo, multicêntrico, randomizado, duplo-cego com duração de 24 meses. Homens e mulheres com idades entre 30 e 75 anos foram selecionados para participar sob os seguintes critérios: diagnóstico de hipercolesterolemia familiar por genotipagem ou preenchimento dos critérios preestabelecidos pela OMS.

Após 24 meses de intervenção os níveis médios de colesterol LDL decresceram de 317,8 ± 66,1 mg/dl para 192,7 ± 60,3 mg/dl no grupo que utilizava apenas sinvastatina e de 319,0 ± 52,6 mg/dl para 141,3 ± 52,6 mg/dl no grupo de terapia combinada, demonstrando uma diferença estatística forte de 16,5% entre os grupos. Reduções nos níveis de triglicerídeos e proteína C-reativa foram significativamente maiores no grupo de terapia combinada.

Na medição dos desfechos secundários foi constatada regressão na espessura média da parede carotídea em 44,4% no grupo placebo e em 45,3% no grupo de terapia combinada (p = 0,92). Os pacientes foram submetidos à ultrassonografia bimodal para mensurar a espessura da parede íntima-média das artérias carótidas e femorais. Nova formação de placa foi vista em 2,8% no grupo sob uso único de sinvastatina e em 4,7% no grupo de terapia associada. De tal forma, não foram observadas mudanças importantes nas medidas médias de espessura das estruturas carotídeas e das artérias femorais em ambos os grupos.

Os eventos adversos que foram relacionados ao tratamento foram similares nos dois grupos. Da mesma forma, taxas de descontinuação devido a efeitos adversos foram similares, sendo 9,4% no grupo da sinvastatina e 8,1% no grupo de terapia combinada. O estudo demonstra validamente que a utilização associada de ezetimibe e sinvastatina contribui significativamente para a redução dos níveis de colesterol LDL em portadores de hipercolesterolemia familiar. Entretanto, a mesma associação não demonstrou alteração significativa na redução da espessura arterial carotídea, tanto do grupo em monoterapia quanto no grupo em terapia combinada. Há validade interna considerável, visto a precisão das técnicas utilizadas, apesar de o controle do recebimento de estatinas prévias, por ambos os grupos, não ter sido adequadamente monitorado. A validade externa é mínima, já que não há extrapolação para outras populações, ficando as conclusões restritas aos indivíduos portadores de hipercolesterolemia familiar.

1.8. Sinvastatina e Pravastatina

Sabe-se que as estatinas são os agentes mais efetivos e bem tolerados para o tratamento da dislipidemia. As estatinas são inibidores competitivos da 3-hidroxi-3-metilglutaril coenzima A (HMG-CoA) redutase, enzima essa, que catalisa uma etapa inicial e limitante da velocidade na biossíntese do colesterol. O uso regular das estatinas implica na redução dos eventos fatais e não-fatais da coronariopatia (CP) e acidente vascular encefálico. Entretanto, o estudo em questão interroga o uso regular das estatinas como possível agente capaz de reduzir a pressão arterial (PA).

O estudo *Reducion in blood pressure with statins*[59] foi randomizado, duplo-cego, placebo-controlado, realizado com o objetivo de verificar a eficácia da sinvastatina 20 mg, pravastatina sódica 40 mg ou placebo, por seis meses, na redução da pressão arterial em 973 pacientes que não possuíam diagnóstico de doença cardiovascular ou *diabetes mellitus,* apresentando níveis de colesterol entre 115 e 190 mg/dl e que ao aferirem a pressão arterial obtiveram valores abaixo de 140 mmHg na pressão sistólica e 90 mmHg na pressão diastólica. Outro fator de exclusão foi o uso de medicações anti-hipertensivas. Os grupos das estatinas foram comparados com o placebo pela análise de intenção de tratamento. Foram analisadas as variações da PA após o início das estatinas e ao interromper o uso das mesmas. Notou-se uma redução da pressão sistólica de 2,2 mmHg a favor das estatinas em relação ao placebo, e de 2,4 mmHg na diastólica. A variação de redução da PA foi de 2,4 a 2,8 em ambas as pressões com a sinvastatina e a pravastatina e houve um aumento da PA após a interrupção do uso das mesmas. Assim, podemos dizer que estatinas hidrofílicas e lipofílicas reduzem a PA ainda que levemente, no entanto, a população do estudo limitou a utilização das mesmas já que todos eram normotensos e não tinham dislipidemia ou *diabetes mellitus*.

1.9. Atorvastatina em pacientes com doença coronariana e doença renal crônica

As doenças cardiovasculares são as principais causas de morbidade e mortalidade em pacientes com doença renal crônica (DRC). O estudo *Intensive lipid lowering with atorvastatin in patients with coronary heart disease and chronic kidney disease*[60] obteve seus dados no estudo TNT (*Treating to New Targets*). O objetivo desse estudo era verificar se um tratamento mais agressivo em pacientes com insuficiência renal crônica (IRC) beneficiariam esses pacientes, uma vez que os mesmos têm uma maior taxa de comorbidade e mortalidade por causas cardiovasculares. Foram selecionados pacientes de 35 a 75 anos que clinicamente apresentavam doença arterial coronariana (DAC), definida como infarto agudo prévio ou angina com evidência de aterosclerose ou histórico de revascularização miocárdica.

Estudo randomizado e duplo-cego para avaliar o tratamento com atorvastatina 80 mg/dia ou 10 mg/dia. Foram inclusos no estudo pacientes que tinham níveis de LDL < 130 mg/dl. O evento primário era morte por causas cardiovasculares, AVC ou infarto não-fatal. Os pacientes que tinham uma estimativa da filtração glomerular (eTFG) ≥ 60 ml/min/1,73 m² eram classificados como tendo uma função renal normal. Foram avaliados 9.656 pacientes com dados renais completos (4.827 usando atorvastatina 80 mg/dia e 4.829 recebendo 10 mg/dia); 3.107 pacientes tinham IRC sendo 3.078 em estágio 3 (eTFG de 30 a 59 ml/min/1,73 m²). O *follow-up* médio foi de cinco anos em ambos os grupos. O grupo atorvastatina 80 mg teve uma diminuição do evento primário de 32% em relação à atorvastatina 10 mg, em pacientes com IRC (RR = 0,68; 95% IC 0,55 - 0,84; p = 0,0003). A atorvastatina 80 mg melhorou os níveis de triglicérides dos pacientes com IR (de 159,5 para 139,0 mg/dl). A baixa do LDL foi similar nos pacientes com e sem IRC nos dois grupos.

Assim, podemos concluir que o tratamento agressivo com atorvastatina 80 mg/dia é seguro e eficaz em reduzir desfechos cardiovasculares em pacientes com IRC e alto risco para doenças cardiovasculares.

2. DIETAS E MEDIDAS COMPORTAMENTAIS

2.1. Dieta rica em carboidratos ou rica em gorduras?

Atualmente as principais recomendações dietéticas para perda de peso estão baseadas em alto consumo de carboidratos e baixo índice de gorduras (HCLF), sendo considerada esta, uma dieta de moderada restrição energética.[1,2] Porém, uma ideia que está ressurgindo é a da dieta pobre em carboidratos com elevado teor de gordura (VLCHF), impulsionada pela epidemia de obesidade e diabetes tipo 2.[3]

Mesmo que ambas tenham potencial para perda ponderal, a maior preocupação é com as consequências do consumo crônico de uma dieta VLCHF, geralmente rica em gordura saturada e colesterol. Já foram realizados estudos sobre o assunto, em que a VLCHF foi defendida por ter boa repercussão nos triglicérides e colesterol HDL,[4,6,7,8] porém, muitos destes estudos tinham abordagens que não permitiam avaliação dos efeitos metabólicos, tais como diferenças na ingestão energética.

O objetivo do estudo *Metabolic effects of weight loss on a very-low--carbohydrate diet compared with an isocaloric high-carbohydrate diet in abdominally obese subjects*[61] foi comparar dietas isocalóricas – VLCHF *versus* HCLF, nas condições de perda de peso e efeitos metabólicos em seis meses, em indivíduos obesos com elevado risco cardiovascular. Estudo randomizado, com plano de intervenção dietética: VLCHF – 4% do total de carboidratos, 35% de proteínas e 61% como gorduras (20% gordura saturada); HCLF - 46% de carboidratos, 24% de proteínas e 30% de gorduras (< 8% gordura saturada).

Na semana 0 e na semana 24, foram mensurados: peso, pressão arterial, glicose de jejum, lipídeos, insulina, apolipoproteína-B e proteína C-reativa. Os pacientes eram visitados e recebiam a lista dos alimentos que poderiam ingerir, e outras instruções dietéticas, devendo apresentar anotações diárias sobre alimentação.

Este artigo comprova que realmente as dietas isocalóricas resultam em perda similar de peso, porém, a dieta rica em gorduras altera o perfil lipídico, como esperado.

2.2. Diminuição da pressão arterial e colesterol LDL em *diabetes mellitus*

Indivíduos com diabetes apresentam um risco aumentado de desenvolver doença cardiovascular (DC), e as coronariopatias são as principais causas de morte em adultos portadores desta patologia.[1,2,3] O aumento deste risco é devido a maior prevalência de outros fatores de risco para doença cardíaca, como dislipidemia e hipertensão.[4,5] A prevenção da ocorrência de DC, através do controle desses fatores predisponentes, tornou-se uma prioridade.[1,5] Uma grande quantidade de dados epidemiológicos referentes aos indígenas americanos, população com elevada prevalência de diabetes relacionada à DC, indicam que a redução no colesterol LDL e na pressão arterial abaixo das taxas atualmente estipuladas, possam ajudar a lentificar ou reverter a progressão da DC em pacientes diabéticos.[6,7] O estudo SANDS[62] buscou avaliar os benefícios e riscos do tratamento agressivo na redução do colesterol LDL e da pressão arterial em indivíduos diabéticos, modificando as metas de taxas habituais por outras ainda menores.

Ensaio clínico randomizado, rótulo-aberto, *blinded-to-end point*, com duração de três anos. Foram randomizados indígenas americanos, com idade de 40 anos, ou acima, diabéticos tipo 2 e sem eventos cardiovasculares precedentes, em dois grupos de tratamento: agressivo e padrão. Utilizaram-se medicamentos para redução pressórica em três passos (descritos na tabela). Outros métodos utilizados foram: manutenção de dieta e exercício, eletrocardiograma, ultrassom de carótidas e ecocardiograma.

Os níveis estimados para o grupo em terapia agressiva foram os seguintes: LDL-C 70 mg/dl ou menos; pressão sistólica 115 mmHg ou menos. Para os grupos em terapia padrão, objetivaram-se os valores normais, estipulando para o LDL-C 100 mg/dl ou menos e pressão sistólica 130 mmHg ou menos. A terapia foi adaptada a ambos os grupos de forma a atingir os níveis relacionados acima.

Ao serem medidos os desfechos primários, constatou-se que a espessura da íntima-média carotídea reduziu no grupo de terapia agressiva em 0,012 mm e progrediu no grupo de terapia padrão em 0,038 mm, a área de secção arterial carotídea também reduziu em 0,012 mm^2 no primeiro grupo, contra um aumento de 1,05 mm^2 no segundo grupo, ocorrendo redução de massa ventricular esquerda em ambos os grupos, sendo de -2,4g/mm^2 no grupo 1 e de -1,2g/mm^2 no grupo 2.[2,7] Os efeitos das medicações foram maiores no grupo agressivo e os eventos cardiovasculares foram semelhantes em ambos.

Ao final dos três anos, a taxa de placa arterial aumentou levemente nas duas divisões sem diferença intergrupal. A probabilidade de decréscimo na espessura íntima-média carotídea foi relacionada ao decréscimo nos níveis de colesterol LDL, mas não com alterações na pressão sistólica, quando os dois fatores estavam combinados. A idade mostrou-se importante valor preditivo no aumento da espessura arterial carotídea, e o IMC foi importante no aumento da massa ventricular esquerda. O tempo foi um importante fator para atingir os níveis séricos de LDL-C e PA sistólica no grupo de terapia agressiva, mas pouco importante na alteração de massa ventricular esquerda no mesmo grupo.

É um estudo de impacto, em face de que é o primeiro ensaio clínico a testar especificamente ambos os fatores: colesterol LDL e PA sistólica em indivíduos com diabetes tipo 2, atingindo os alvos especificados. A validade externa é questionável, visto que foi estudada apenas uma população étnica que apresenta níveis séricos menores, em relação a outras populações. Uma limitação para a validade interna seria a substituição de desfechos, que levariam tempo para serem concluídos, por outros que demandam menor tempo para a exposição dos resultados.

2.3. Frequência para aferição do colesterol

O acompanhamento dos níveis de colesterol é uma atividade clínica comum. Estudos têm sugerido que, em função dos erros de medida, a monitoria frequente apresenta maior probabilidade de gerar enganos, se mudanças no tratamento forem necessárias.[1] Existem diversas orientações que especificam o número e a interpretação das medidas iniciais desses níveis, porém, não são específicas quanto ao acompanhamento subsequente. A exemplo disso, dispõe-se dos dados do Programa Nacional de Educação em Colesterol nos EUA, que sugere a monitoração de pacientes para resposta em terapia a cada quatro a seis meses,[2] enquanto o *guideline* da *Medicare* estipula que o colesterol LDL ou colesterol total podem ser aferidos três vezes ao ano após os alvos do tratamento terem sido atingidos.[3] O artigo analisou o ensaio LIPID – 1990 a 1997 (Intervenção a longo prazo com pravastatina na doença isquêmica) para estudar as implicações de diferentes estratégias aplicadas na monitoração dos níveis de colesterol.

O estudo *Monitoring colesterol levels: measurement error or true change*[63] utilizou dados do ensaio LIPID. Ensaio clínico randomizado, placebo-controlado com duração de sete anos. Participaram 9.014 pacientes com história prévia de doença coronariana, divididos em dois grupos:

pravastatina e placebo. As medidas das variações deram-se aos seis meses (curto prazo) e 12 meses, e depois anualmente, durante cinco anos (longo prazo), por medida modelada em fórmula.

Foram avaliados níveis de colesterol sob duas formas de detectabilidade: mudanças a curto prazo (*noise*), dadas a variações biológicas e alterações a longo prazo tanto para cada paciente individualmente, como em comparação interpessoal (*signal*). Apesar de a mudança nos níveis de colesterol entre os grupos pravastatina e placebo terem mudado pouco, ambos apresentaram um pequeno aumento. Para o grupo da pravastatina a média de aumento foi de 5,4 mg/dl em 6 a 60 meses, ou numa média de 0,7% ao ano.

A variação na diferença em ambos os grupos demonstrou um valor inicial maior no grupo da pravastatina, em virtude da variação biológica a curto prazo e da resposta verdadeira à pravastatina durante o tratamento prévio de seis meses. A partir daí, a taxa de aumento do colesterol, nos dois grupos, foi similar até o quinto ano de medição. Para pacientes que apresentavam níveis de colesterol maiores ou iguais a 19 mg/dl, com boa aderência terapêutica, a monitoração tendeu a detectar maior número de falso-positivos do que verdadeiro-positivos, por pelo menos três anos após o início do tratamento.

A variação a curto prazo estimada foi inicialmente de 15 mg/dl (coeficiente de variação de 7%) e evoluiu para 23 mg/dl (coeficiente de variação de 11%). Entretanto, foram necessários quase quatro anos para que a variação a longo prazo ultrapassasse a variação a curto prazo. Este aumento lento na variação e o modesto aumento no nível médio de colesterol (cerca de 2% ao ano) sugerem que a maior parte da variação no estudo é devida à variação biológica a curto prazo e à variabilidade analítica.

O estudo apresenta limitações quanto ao uso de apenas uma droga redutora de colesterol (pravastatina), sendo que outros agentes poderiam implicar diferentes graus de variação de resposta. A validade interna é questionável, em virtude dos inúmeros métodos utilizados, podendo ainda, ter havido atenuação da variabilidade dos níveis séricos de colesterol, em função das perdas no *follow-up* e mudança de tratamento no curso do estudo, que levaram a uma utilização dos últimos dados obtidos nesses casos.

2.4. Sistemas de informação no tratamento da dislipidemia

A utilização de sistemas de informação de apoio à decisão médica está se tornando cada vez mais frequente. O estudo *Electronic alerts versus on-demand decision support to improve dyslipidemia treatment*[64] é um ensaio clínico controlado e randomizado que compara alertas automáticos utilizando o sistema CDSS (*Computerized clinical decision support systems*) ou demanda espontânea (onde o usuário tem que manualmente abrir o programa e executá-lo) para melhor diagnosticar e tratar a dislipidemia. O CDSS é um programa que tem as recomendações básicas para manejo da dislipidemia de acordo com as diretrizes da *Dutch College of General Practitioners*. Foram feitas duas hipóteses a primeira era que o programa CDSS melhoraria o tratamento da dislipidemia, e a segunda era que o sistema de alerta automático do programa seria mais eficiente que o sistema por ativação manual.

Para verificar essa associação foram divididos 38 serviços de saúde, que contavam com 80 médicos e 92.054 pacientes. Desses, 13 serviços com 26 médicos e 31.211 pacientes foram randomizados para o grupo alerta. Para o grupo demanda espontânea (manual) foram selecionados 14 serviços que contavam com 34 médicos e 29.518 pacientes. Já o grupo-controle tinha 11 serviços com 20 médicos e 31.325 pacientes. O *follow-up* mínimo era de um ano.

Dois grupos da demanda espontânea foram excluídos da análise por problemas no *hardware*. Dos 87.866 pacientes o sistema indicou que 3.210 fizessem exames para dislipidemia. Para 2.953 o sistema indicou tratamento e 367, dos que realizaram exames, foram indicados para tratamento. Assim, 65% do grupo alerta realizaram os exames contra 35% do grupo demanda espontânea e 25% do grupo-controle. O grupo alerta teve uma taxa de tratamento de 66%, já o grupo demanda espontânea 40% e o controle 36%.

Desta forma, podemos concluir que o grupo em que o programa CDSS é utilizado para indicar investigação através de exames e tratamento dos pacientes, tem um melhor diagnóstico e tratamento da dislipidemia especialmente na opção "alerta" onde os médicos são alertados sobre essa necessidade. No entanto, a aplicabilidade do programa deve ser levada em conta especialmente em países subdesenvolvidos e com recursos escassos.

2.5. Efetividade da terapia na dislipidemia

Numerosos estudos estabelecem claramente a associação entre a dislipidemia e o aumento do risco de morte cardiovascular. Entretanto, questiona-se se pacientes sem risco cardiovascular estabelecido, mas com níveis altos de colesterol, recebem de fato um tratamento adequado para o controle da sua dislipidemia.

O objetivo do estudo *Patient knowledge of coronary risk profile improves the effectiveness of dyslipidemia therapy*[65] foi esclarecer essa questão, ou seja, se os pacientes com risco cardiovascular conhecido sofrem um controle melhor da dislipidemia que os pacientes sem risco cardiovascular. Esse estudo é um ensaio clínico controlado, randomizado, com 3.053 pacientes inclusos, dos quais 1.510 se enquadravam no perfil de risco cardiovascular e 1.543 foram qualificados para tratamento em atenção primária. O *follow-up* do estudo foi de um ano e contou com 230 médicos. A melhora dos lipídeos foi levemente superior no grupo de risco cardiovascular (-58,4 mg/dl nos triglicerídeos do grupo de risco e -54,5 mg/dl no grupo-controle, já no colesterol LDL houve uma baixa de 51,2 mg/dl no grupo de risco e 48,0 mg/dl no grupo-controle). No entanto, os pacientes no grupo de risco tiveram uma maior taxa de alcance dos níveis lipídicos (OR 1,26; IC 95% 1,07 - 1,48) já que esses pacientes têm níveis de colesterol mais alto.

Assim, pode-se concluir que os pacientes com risco coronariano estão associados a uma diferença pequena, mas significante, na melhora do tratamento da dislipidemia. Portanto, a atenção básica deve estar mais alerta para o tratamento preventivo da dislipidemia, para que esses pacientes não venham a se tornar pacientes de risco para tardiamente seus níveis lipídicos serem adequadamente controlados. O estudo perde um pouco sua validade já que em cada visita feita aos pacientes, o médico poderia escolher a estatina de sua preferência.

2.6. Obesidade e progressão da aterosclerose

A obesidade é um importante fator de risco para desenvolver doença coronariana, entretanto, ainda não está clara a relação de progressão da doença coronariana em obesos após revascularização miocárdica.

No estudo *The relationship between obesity and atherosclerotic progression and prognosis among patients with coronary artery bypass grafts,*[66] multicêntrico, duplo-cego, randomizado, controlado. Foram analisados pacientes submetidos à cirurgia de *bypass* coronariano que tinham entre 21 e 74 anos, com objetivo de examinar se a obesidade acelera a progressão da aterosclerose e o risco para eventos cardiovasculares entre os participantes do *Trial* CABG. Ele comparou baixas doses de warfarin *versus* placebo e tratamento agressivo *versus* moderado, para o tratamento com lovastatina em pacientes com *bypass* coronariano. Foram selecionados pacientes com LDL entre 130 e 175 mg/dl, triglicerídeos abaixo de 300 mg/dl, e ejeção ventricular esquerda de, no mínimo, 30%.

Um total de 1.314 pacientes foram selecionados. Os pacientes foram randomizados para serem inclusos em um dos quatro tratamentos possíveis. O primeiro era o grupo tratamento intensivo com lovastatina 40 a 80 mg/dia, para alcançar a meta de LDL entre 60 e 85 mg/dl. O segundo era o grupo do tratamento moderado (2,5 a 5 mg/dia) com metas de 130 a 140mg/dl de LDL. O terceiro grupo era o grupo do warfarin de 1 a 4 mg/dia, e o quarto era o grupo placebo. Os participantes foram acompanhados por cinco anos e a angiografia era realizada no momento do ingresso e depois no quarto e quinto ano de acompanhamento. O critério utilizado para piora da aterosclerose era a diminuição de 0,6 mm no lúmen do enxerto. Os pacientes que se incluíram no critério desfechos cardiovasculares eram os que tinham sofrido um AVC, infarto não-fatal, *bypass* coronariano, angioplastia ou morte por causa cardiovascular. Destes, 198 pacientes tiveram eventos clínicos, no entanto, os pacientes com IMC alto não apresentaram uma chance maior de desenvolverem esses eventos, apesar de terem fator de risco para aterosclerose menor no grupo de tratamento intensivo com lovastatina, onde ter IMC alto pareceu ser proteção contra eventos adversos cardiovasculares. Podemos citar como limitação do estudo o fato deste ser composto em sua maioria por homens (chegando a 95%), e também o fato de não ter avaliado a circunferência abdominal dos participantes. Assim podemos concluir que IMC alto está associado à progressão da aterosclerose em pacientes que realizaram cirurgia de *bypass* coronariano, no entanto um tratamento agressivo com lovastatina pode ser protetor contra a relação obesidade e aceleração da doença coronariana.

2.7. Níveis lipídicos

Ainda não se tem ao certo a relação dos níveis de colesterol após síndrome coronariana aguda (SCA). Em estudos realizados anteriormente, verificaram-se que os níveis de colesterol diminuem significativamente após a síndrome coronariana aguda; no entanto, tendo em vista que esses estudos eram pequenos e alguns não dosavam lipoproteínas de baixa densidade (LDL-C), se fez necessário novos estudos. Estudos mais recentes sugerem que ocorrem mudanças menos acentuadas nos níveis de colesterol após SCA.

Os dados do artigo *Lipid levels after acute coronary syndromes*[67] foram coletados do estudo LUNAR (*Limiting undetreatment of lipids in ACS with rosuvastatin*) que avaliou os níveis lipídicos um a quatro dias após o primeiro sintoma de síndrome coronariana aguda, com o objetivo de verificar se os níveis séricos dos mesmos sofrem uma diminuição após a SCA. Estudo retrospectivo, multicêntrico, randomizado, que avaliou adultos hospitalizados por infarto do miocárdio com e sem supradesnivelamento de ST (IAMSST e IAMSSST, respectivamente) e com angina instável. As amostras sanguíneas foram coletadas em um tempo médio de 26 horas (dia 1), 43 horas (dia 2), e 84 horas (dia 4) após o início dos sintomas. Os pacientes selecionados tinham entre 18 e 75 anos e não estavam realizando terapia para dislipidemia, os pacientes com angina instável ou IAMSSST não tinham critério de exclusão, já os pacientes com IAMSST que não tinham sido submetidos a uma reperfusão dentro de 12 horas do início dos sintomas não foram incluídos no estudo. Quinhentos e sete pacientes tiveram as amostras sanguíneas coletadas corretamente nas três fases de coleta. Desses, 212 foram internados por IAMSST, 176 por IAMSSST e 119 por angina instável. Os níveis de LDL diminuíram nas primeiras 24 horas (136,2 para 133,5 mg/dl) seguidos por um aumento nos dois dias subsequentes (para 141,8 mg/dl). No entanto, clinicamente essas mudanças não são significativas. Já os níveis de colesterol total e HDL tiveram uma variação ainda menor, os níveis de triglicerídeos não sofreram variação. A seleção de pacientes foi uma das limitações do estudo.

Assim podemos concluir que a verificação dos níveis lipídicos, após a ocorrência da SCA, é fiel para determinar o uso de terapia para redução dos mesmos, já que a variação é mínima após quatro dias da ocorrência do evento.

Ref.	Estudo	Hipótese	n	Exposição
52	Intensive lipid-lowering with atorvastatin for secondary prevention in pacients after coronary artery bypass surgery	Uma diminuição agressiva dos lipídios séricos, com atorvastatina 80 mg para atingir LDL-C de 80 mg/dl, irá reduzir os eventos cardiovasculares em pacientes com cirurgia prévia de CABG.	10.001	Os pacientes foram randomizados em um estudo duplo-cego, para receber 80 mg ou 10 mg de atorvastatina diária. Estes pacientes foram seguidos por um tempo médio de 4,9 anos.
53	The influence of pravastatin and atorvastatin on markers of oxidative stress in hypercholesterolemic humans	Estudos menores sugerem que a terapia com estatinas pode reduzir a excreção urinária, ou níveis plasmáticos, do iso-prostane 8-iso-IPF2α-IV.	120	Sujeitos hipercolesterolêmicos foram randomizados, em estudo duplo-cego, com delineamento paralelo de pravastatina 40 mg/dia, atorvastatina 80 mg/dia ou placebo.
54	The effect of darapladib on plasma lipoprotein-associated phospholipase A_2 activity and cardiovascular biomarkers in patients with stable coronary heart disease or coronary heart disease risk equivalent	LP-PLA2 pode ser considerado como a enzima que liga o LDL-C oxidado à progressão da aterosclerose e à vulnerabilidade das plaquetas, sendo o LP-PLA2 associado a um aumento dos eventos cardiovasculares.	959	Pacientes portadores de doença coronariana cardíaca (CHD) e risco de CHD recebendo atorvastatina (20 ou 80 mg) foram randomizados para darapladib 40 mg, 80 mg, 160 mg ou placebo uma vez ao dia por doze semanas.
55	Lipid-altering efficacy and safety of ezetimibe/simvastatin coadministered with extended-release niacin in patients with type IIa or type IIb hyperlipidemia	A coadministração de sinvastatina/ezetimibe com niacina pode promover uma significante e complementar redução de LDL-C, não-LDL-C, e triglicerídeos, e aumento no HDL-C, oferecendo maiores benefícios do que cada medicação sozinha.	1.220	Pacientes com hiperlipidemia do tipo IIa ou IIb foram randomizados para tratamento com sinvastatina/ezetibimibe (10/20 mg/dia) + niacina ou niacina, ou sinvastatina/ezetimibe (10/20 mg/dia).
56	Pioglitazone improves myocardial blood flow and glucose utilizations in nondiabetic patients with combined hyperlipidemia	Tratamento com tiazolidinedionas adicionado ao tratamento convencional, pode melhorar a resistência à insulina periférica e miocárdica, e MBF em pacientes com FCHL não-diabéticos.	26	Nas primeiras quatro semanas os pacientes receberam 30 mg de pioglitazona ou placebo, sendo a dose aumentada para 45 mg no restante do estudo. Se ocorressem efeitos adversos retornavam a 30 mg.
57	Long-term effect of CB_1 blockade with rimonabant on cardiometabolic risk factors: two year results from the RIO-Europe study	Eficácia e a tolerabilidade do rimonabanto na redução de diversos fatores de risco cardiometabólico durante o segundo ano de acompanhamento.	1.507	Foram randomizados 1.507 pacientes com IMC ≥ 30 kg/m², ou > 27 kg/m², com HAS tratada ou não, dislipidemia ou ambos. Três grupos: rimonabanto 5 mg, 20 mg e placebo. Aproximadamente 40% dos pacientes de cada grupo completaram o estudo.

Desfechos	Resultados
Primário: ocorrência de evento cardiovascular. **Secundário:** revascularização coronariana.	Nos pacientes com CABG prévio, em uso de atorvastatina 80 mg, o LDL-C reduziu de 163 mg/dl para 79mg/dl (- 51%), no final do estudo. No grupo de 10 mg, o LDL-C reduziu de 163 mg/dl para 101 mg/dl (-38%), no fim do estudo.
Diminuição do estresse oxidativo através de marcadores bioquímicos.	Depois de 16 semanas não houve mudanças significativas no 8,12-iso--IPF2α-VI urinária. O LP-PLA2 e OxLDL foram reduzidos nos grupos tratados com estatinas, mas depois do ajustamento para apoB, somente pravastatina 40 mg levou à redução no LP-PLA2 (-15%, $p < 0,008$) e atorvastatina 10 mg para uma diminuição no OxLDL (-12,9%, $p < 0,01$). O OxPL/apoB aumentou 25,8% ($p < 0,01$) com pravastatina 40 mg e 20,2% ($p < 0,05$) com atorvastatina 80 mg.
Primário: inibição contínua da atividade plasmática do LP-PLA2. **Secundário:** inclui uma dose de resposta de darapladib através da atividade da LP-PLA2.	Darapladib 40, 80 e 160 mg inibiu a atividade do LP-PLA2 43%, 55%, e 66%, respectivamente, comparado com placebo, ($p < 0,001$ entre a 4ª e a 12ª semana). Na 12ª semana, darapladib 160 mg diminuiu IL-6 para 12,3% (95%, IC 22% para -1%; $p = 0,028$) e proteína C-reativa de alta densidade para 13% (95%, IC -28% para +5%; $p < 0,15$) comparado com placebo.
Primário: descrever os efeitos clínicos associados com a niacina máxima prescrita (2 g), antecipando que um número substancial de pacientes não serão capazes de tolerar grandes doses. Uma análise secundária foi baseada na população de intenção de tratar modificada.	Ezetimibe/sinvastatina com niacina resultou numa redução significante no LDL-C, triglicerídeos, apolipoproteína-B e no índice lipídio/lipoproteína, comparado com cada medicação sozinha ($p < 0,001$).
Analisar efeitos da pioglitazona no metabolismo, fluxo sanguíneo do miocárdico e em parâmetros laboratoriais (colesterol total, triglicerídeos, LDL, HDL, adiponectina, glicose, glico--hemoglobina) e MGU, MBF, e CFR na linha de base e depois de quatro meses de tratamento.	Adicionar pioglitazona à terapia convencional para redução de lipídeos em pacientes com FCHL, gera benefícios metabólicos e vasculares significativos, em nível de periferia e miocárdio, de acordo com PET.
Primário: mudanças no peso corporal basal, circunferência abdominal, proporção de pacientes que atingiram perda de peso $\geq 5\%$ e $> 10\%$. Alterações nos níveis de: HDL-C, triglicerídeos, glicose, insulina, tolerância à glicose e síndrome metabólica.	Rimonabanto foi melhor nas medidas da circunferência abdominal, HDL-C, triglicerídeos, glicose, insulina, resistência à insulina e síndrome metabólica, do que o placebo. Rimonabanto foi bem tolerado e apresentou score de depressão nos paraefeitos, semelhante ao grupo placebo.

Ref.	Estudo	Hipótese	n	Exposição
58	*Sinvastatin with or without ezetimibe in familial hypercholesterolemia*	Analisar se o uso combinado de ezetimibe/sinvastatina pode interferir na progressão da aterosclerose em pacientes portadores de hipercolesterolemia familiar.	720	Terapia diária de 80 mg de sinvastatina com placebo ou 10 mg de ezetimibe em pacientes com hipercolesterolemia familiar.
59	*Reduction in blood pressure with statins*	Avaliar o uso das estatinas na redução da pressão arterial.	973	Um grupo recebeu sinvastatina 20 mg, outro pravastatina sódica 40 mg e outro placebo por seis meses.
60	*Intensive lipid lowering with atorvastatin in patients with coronary heart disease and chronic kidney disease*	Tratamento mais agressivo em pacientes com IRC diminui a taxa de complicações cardiovasculares.	9.656	Os pacientes foram randomizados em dois grupos, um usava atorvastatina 80 mg/dia e o outro 10 mg/dia.
61	*Metabolic effects of weight loss on a very-low-carbohydrate diet compared with an isocaloric high-carbohydrate diet in abdominally obese subjects*	Analisar qual das duas dietas propostas - VLCHF e HCLF - têm maior influência na perda ponderal e em fatores de risco para doenças cardiovasculares.	88	Sob dietas isocalóricas um grupo recebeu dieta rica em gorduras e outro dieta rica em carboidratos durante seis meses, sendo feita aferição de peso e análise bioquímica nas semanas 0 e 24.
62	*Effect of lower targets for blood pressure and LDL cholesterol on atherosclerosis in diabetes: the sands randomized trial*	Comparar qual é a melhor abordagem para retardar a progressão da aterosclerose subclínica em adultos com DM2: alcance de taxas baixas de LDL < 70mg/dl e PA sistólica < 115 mmHg ou níveis padrão de LDL-C < 100 mg/dl e PA sistólica < 130 mmHg.	499	Redução pressórica: IECA's e BRA's no passo um; hidroclorotiazida no passo dois, e, nos passos de três a cinco bloqueadores dos canais de cálcio, beta e alfabloqueadores, vasodilatadores, durante três anos. Os pacientes foram randomizados em dois grupos: tratamento agressivo e tratamento padrão.

Desfechos	Resultados
Primário: mudança em relação à medida basal da espessura média da parede de ambas as artérias carótidas, bulbos carotídeos e artérias carótidas internas. **Secundário:** proporção de pacientes com regressão referente à mesma medida de espessura basal média das carótidas de pacientes com novas placas carotídeas com mais de 1,3 mm, mudança em relação à medida da espessura das artérias carótida e femoral comum.	A adição de ezetimibe a maior dose recomendada de sinvastatina não reduziu a espessura carotídea da íntima-média nos pacientes testados em terapia associada. Mas houve reduções nos níveis de colesterol LDL e proteína C-reativa, diferença estatística de 16,5% entre os grupos. A perda maior ocorreu no grupo de terapia combinada. No desfecho primário, a mudança em relação à medida basal da espessura carotídea não demonstrou significância estatística (p = 0,29).
Redução da pressão arterial.	Verificou-se que estatinas hidrofílicas e lipofílicas reduzem a PA ainda que levemente.
O uso de atorvastatina 80 mg/dia mostrou-se superior para prevenção de eventos cardiovasculares em pacientes com IRC.	Realizar tratamento agressivo com atorvastatina é seguro e eficaz à medida que reduz os desfechos cardiovasculares em pacientes com IRC.
Perda de peso e alterações na pressão sanguínea, glicose de jejum, lipídeos, insulina, apolipoproteína-B e proteína C-reativa.	A perda de peso foi similar em ambas as dietas, porém, a dieta rica em carboidratos promoveu efeitos favoráveis no perfil lipídico, em comparação com a VLCHF.
Primário: progressão da aterosclerose medida pela espessura íntima-média da artéria carótida. **Secundário:** outras medidas ultrassonográficas cardíacas e carotídeas, e eventos clínicos.	Os níveis médios de colesterol LDL e PA sistólica foram atingidos em ambos os grupos. Nos últimos 12 meses os níveis de LDL-C e PA sistólica, para o grupo agressivo, foram de 72 mg/dl e 117 mmHg, e para o grupo padrão 104 mg/dl e 129 mmHg. Houve uma regressão na espessura arterial carotídea no grupo do tratamento agressivo e um aumento da mesma, no grupo padrão. Verificou-se um decréscimo maior na massa ventricular esquerda no grupo agressivo seguido de uma diminuição menor no padrão.

Ref.	Estudo	Hipótese	n	Exposição
63	Monitoring colesterol levels: measurement error or true change	Estudar qual o intervalo de tempo adequado para a dosagem dos níveis de colesterol em pacientes recebendo pravastatina ou placebo.	9.014	Um grupo recebeu um tratamento baseado em 40 mg de pravastatina e o outro placebo (sem maiores especificações sobre o tratamento). Foram monitorados durante cerca de seis anos.
64	Electronic alerts versus on-demand decision support to improve dyslipidemia treatment	Comparar alertas automáticos utilizando o sistema CDSS à demanda espontânea para melhor diagnosticar e tratar a dislipidemia.	92.054	Alguns pacientes foram randomizados para o grupo alerta (CDSS) e o restante para o grupo demanda espontânea.
65	Patient knowledge of coronary risk profile improves the effectiveness of dyslipidemia therapy - CHECK-UP	Verificar se os pacientes com risco cardiovascular conhecido sofrem um controle melhor da dislipidemia que os pacientes sem risco cardiovascular.	3.053	Após cálculo do risco coronariano os pacientes foram divididos em dois grupos: tratamento em atenção primária e tratamento dos riscos.
66	The relationship between obesity and atherosclerotic progression and prognosis among patients with coronary artery bypass grafts	Aceleração da progressão da aterosclerose e do risco para eventos cardiovasculares em pacientes obesos.	1.314	Os pacientes foram divididos em quatro grupos com exposições diferentes. O primeiro grupo tratado com lovastatina 40 a 80 mg/dia, com a meta de LDL de 60 a 85 mg/dl. O segundo grupo tratado com lovastatina 2,5 a 5 mg/dL, com meta de LDL de 130 a 140 mg/dl. O terceiro grupo usava warfarin de 1 a 4 mg/dia e o quarto grupo placebo.
67	Lipid levels after acute coronary syndromes	Diminuição dos níveis lipídicos após síndrome coronariana aguda (SCA).	507	Foram coletadas amostras sanguíneas durante quatro dias após o início dos sintomas.

Desfechos	Resultados
A variação na resposta inicial ao tratamento; demora da resposta a longo prazo, desde a resposta inicial e a detectabilidade de mudanças a longo prazo nos níveis de colesterol sob tratamento.	A monitoração frequente de pacientes aderidos ao tratamento tende a levar à detecção de mais falso-positivos do que verdadeiro-positivos.
Verificar a melhor opção para diagnóstico e tratamento da dislipidemia.	O grupo em que o programa CDSS é utilizado para indicar investigação, através de exames e tratamento, apresentou resultados mais significativos para o diagnóstico e controle da dislipidemia.
Mudanças nos níveis de LDL, HDL e alcance de níveis adequados de triglicerídeos; além de mudanças nos fatores de risco não-lipídicos.	Pacientes com risco coronariano estão associados a uma diferença pequena, mas significante, da melhora do tratamento da dislipidemia.
Os desfechos apresentados foram AVC, infarto não-fatal, bypass coronariano, angioplastia ou morte por causa cardiovascular. Dos participantes do estudo 198 tiveram eventos clínicos.	Um alto IMC está associado à progressão da aterosclerose em pacientes com cirurgia prévia de bypass coronariano. Entretanto, tratamento agressivo com lovastatina pode ser protetor quanto à obesidade e à aceleração da doença coronariana.
Alteração nos níveis de lipídeos após ocorrência de uma SCA.	Não houve variação significativa dos níveis lipídicos após a SCA, portanto a medição dos mesmos é confiável para a determinação da terapia do paciente.

Referências Bibliográficas

[1] Charlson ME, Isom OW. Clinical practice. Care after coronary-artery bypass surgery. The New England journal of medicine. 2003 Apr 10; 348(15):1456-63.

[2] Motwani JG, Topol EJ. Aortocoronary saphenous vein graft disease: pathogenesis, predisposition, and prevention. Circulation. 1998 Mar 10; 97(9):916-31.

[3] Domanski MJ, Borkowf CB, Campeau L, Knatterud GL, White C, Hoogwerf B, et al. Prognostic factors for atherosclerosis progression in saphenous vein grafts: the postcoronary artery bypass graft (Post-CABG) trial. Post-CABG Trial Investigators. Journal of the American College of Cardiology. 2000 Nov 15; 36(6):1877-83.

[4] Gotto AM, Jr. Risks and benefits of continued aggressive statin therapy. Clinical cardiology. 2003 Apr; 26(4 Suppl 3):III3-12.

[5] Liao JK, Laufs U. Pleiotropic effects of statins. Annual review of pharmacology and toxicology. 2005; 45:89-118.

[6] De Caterina R, Cipollone F, Filardo FP, Zimarino M, Bernini W, Lazzerini G, et al. Low-density lipoprotein level reduction by the 3-hydroxy-3-methylglutaryl coenzyme-A inhibitor simvastatin is accompanied by a related reduction of F2-isoprostane formation in hypercholesterolemic subjects: no further effect of vitamin E. Circulation. 2002 Nov 12; 106(20):2543-9.

[7] Lee TM, Chou TF, Tsai CH. Association of pravastatin and left ventricular mass in hypercholesterolemic patients: role of 8-iso-prostaglandin f2alpha formation. Journal of cardiovascular pharmacology. 2002 Dec; 40(6):868-74.

[8] Cannon CP, Braunwald E, McCabe CH, Rader DJ, Rouleau JL, Belder R, et al. Intensive versus moderate lipid lowering with statins after acute coronary syndromes. The New England journal of medicine. 2004 Apr 8; 350(15):1495-504.

[9] Hansson GK. Inflammation, atherosclerosis, and coronary artery disease. The New England journal of medicine. 2005 Apr 21; 352(16):1685-95.

[10] Ridker PM. Clinical application of C-reactive protein for cardiovascular disease detection and prevention. Circulation. 2003 Jan 28; 107(3):363-9.

[11] Koenig W, Khuseyinova N. Biomarkers of atherosclerotic plaque instability and rupture. Arteriosclerosis, thrombosis, and vascular biology. 2007 Jan; 27(1):15-26.

[12] Guyton JR. Niacin in cardiovascular prevention: mechanisms, efficacy, and safety. Current opinion in lipidology. 2007 Aug; 18(4):415-20.

[13] Ballantyne CM, Abate N, Yuan Z, King TR, Palmisano J. Dose-comparison study of the combination of ezetimibe and simvastatin (Vytorin) versus atorvastatin in patients with hypercholesterolemia: the Vytorin Versus Atorvastatin (VYVA) study. American heart journal. 2005 Mar; 149(3):464-73.

[14] Guyton JR, Bays HE. Safety considerations with niacin therapy. The American journal of cardiology. 2007 Mar 19; 99(6A):22C-31C.

[15] Third Report of the National Cholesterol Education Program (NCEP) Expert Panel on Detection, Evaluation, and Treatment of High Blood Cholesterol in Adults (Adult Treatment Panel III) final report. Circulation. 2002 Dec 17; 106(25):3143-421.

[16] Sanyal S, Karas RH, Kuvin JT. Present-day uses of niacin: effects on lipid and non-lipid parameters. Expert opinion on pharmacotherapy. 2007 Aug; 8(11):1711-7.

[17] Nestel PJ, O'Brien R, Nelson M. Management of dyslipidaemia - evidence and practical recommendations. Australian family physician. 2008 Jul; 37(7):521-7.

[18] Austin MA, McKnight B, Edwards KL, Bradley CM, McNeely MJ, Psaty BM, et al. Cardiovascular disease mortality in familial forms of hypertriglyceridemia: A 20-year prospective study. Circulation. 2000 Jun 20; 101(24):2777-82.

[19] Hopkins PN, Heiss G, Ellison RC, Province MA, Pankow JS, Eckfeldt JH, et al. Coronary artery disease risk in familial combined hyperlipidemia and familial hypertriglyceridemia: a case-control comparison from the National Heart, Lung, and Blood Institute Family Heart Study. Circulation. 2003 Aug 5; 108(5):519-23.

[20] Shoulders CC, Jones EL, Naoumova RP. Genetics of familial combined hyperlipidemia and risk of coronary heart disease. Human molecular genetics. 2004 Apr 1; 13 Spec No 1:R149-60.

[21] Goldstein JL, Schrott HG, Hazzard WR, Bierman EL, Motulsky AG. Hyperlipidemia in coronary heart disease. II. Genetic analysis of lipid levels in 176 families and delineation of a new inherited disorder, combined hyperlipidemia. The Journal of clinical investigation. 1973 Jul; 52(7):1544-68.

[22] McNeely MJ, Edwards KL, Marcovina SM, Brunzell JD, Motulsky AG, Austin MA. Lipoprotein and apolipoprotein abnormalities in familial combined hyperlipidemia: a 20-year prospective study. Atherosclerosis. 2001 Dec; 159(2):471-81.

[23] Kaufmann PA, Gnecchi-Ruscone T, di Terlizzi M, Schafers KP, Luscher TF, Camici PG. Coronary heart disease in smokers: vitamin C restores coronary microcirculatory function. Circulation. 2000 Sep 12; 102(11):1233-8.

[24] Kaufmann PA, Gnecchi-Ruscone T, Schafers KP, Luscher TF, Camici PG. Low density lipoprotein cholesterol and coronary microvascular dysfunction in hypercholesterolemia. Journal of the American College of Cardiology. 2000 Jul; 36(1):103-9.
[25] Yki-Jarvinen H. Thiazolidinediones. The New England journal of medicine. 2004 Sep 9; 351(11):1106-18.
[26] van Wijk JP, de Koning EJ, Martens EP, Rabelink TJ. Thiazolidinediones and blood lipids in type 2 diabetes. Arteriosclerosis, thrombosis, and vascular biology. 2003 Oct 1; 23(10):1744-9.
[27] Khan MA, St Peter JV, Xue JL. A prospective, randomized comparison of the metabolic effects of pioglitazone or rosiglitazone in patients with type 2 diabetes who were previously treated with troglitazone. Diabetes care. 2002 Apr; 25(4):708-11.
[28] Winkler K, Konrad T, Fullert S, Friedrich I, Destani R, Baumstark MW, et al. Pioglitazone reduces atherogenic dense LDL particles in nondiabetic patients with arterial hypertension: a double-blind, placebo-controlled study. Diabetes care. 2003 Sep; 26(9):2588-94.
[29] Pistrosch F, Passauer J, Fischer S, Fuecker K, Hanefeld M, Gross P. In type 2 diabetes, rosiglitazone therapy for insulin resistance ameliorates endothelial dysfunction independent of glucose control. Diabetes care. 2004 Feb; 27(2):484-90.
[30] Lautamaki R, Airaksinen KE, Seppanen M, Toikka J, Luotolahti M, Ball E, et al. Rosiglitazone improves myocardial glucose uptake in patients with type 2 diabetes and coronary artery disease: a 16-week randomized, double-blind, placebo-controlled study. Diabetes. 2005 Sep; 54(9):2787-94.
[31] McMahon GT, Plutzky J, Daher E, Bhattacharyya T, Grunberger G, DiCarli MF. Effect of a peroxisome proliferator-activated receptor-gamma agonist on myocardial blood flow in type 2 diabetes. Diabetes care. 2005 May; 28(5):1145-50.
[32] Klein S, Burke LE, Bray GA, Blair S, Allison DB, Pi-Sunyer X, et al. Clinical implications of obesity with specific focus on cardiovascular disease: a statement for professionals from the American Heart Association Council on Nutrition, Physical Activity, and Metabolism: endorsed by the American College of Cardiology Foundation. Circulation. 2004 Nov 2; 110(18):2952-67.
[33] Poirier P, Giles TD, Bray GA, Hong Y, Stern JS, Pi-Sunyer FX, et al. Obesity and cardiovascular disease: pathophysiology, evaluation, and effect of weight loss: an update of the 1997 American Heart Association Scientific Statement on Obesity and Heart Disease from the Obesity Committee of the Council on Nutrition, Physical Activity, and Metabolism. Circulation. 2006 Feb 14; 113(6):898-918.
[34] Van Gaal LF, Mertens IL, De Block CE. Mechanisms linking obesity with cardiovascular disease. Nature. 2006 Dec 14; 444(7121):875-80.
[35] Jbilo O, Ravinet-Trillou C, Arnone M, Buisson I, Bribes E, Peleraux A, et al. The CB1 receptor antagonist rimonabant reverses the diet-induced obesity phenotype through the regulation of lipolysis and energy balance. Faseb J. 2005 Sep; 19(11):1567-9.
[36] Di Marzo V, Matias I. Endocannabinoid control of food intake and energy balance. Nature neuroscience. 2005 May; 8(5):585-9.
[37] Bensaid M, Gary-Bobo M, Esclangon A, Maffrand JP, Le Fur G, Oury-Donat F, et al. The cannabinoid CB1 receptor antagonist SR141716 increases Acrp30 mRNA expression in adipose tissue of obese fa/fa rats and in cultured adipocyte cells. Molecular pharmacology. 2003 Apr; 63(4):908-14.
[38] Liu YL, Connoley IP, Wilson CA, Stock MJ. Effects of the cannabinoid CB1 receptor antagonist SR141716 on oxygen consumption and soleus muscle glucose uptake in Lep(ob)/Lep(ob) mice. International journal of obesity (2005). 2005 Feb; 29(2):183-7.
[39] Osei-Hyiaman D, DePetrillo M, Pacher P, Liu J, Radaeva S, Batkai S, et al. Endocannabinoid activation at hepatic CB1 receptors stimulates fatty acid synthesis and contributes to diet-induced obesity. The Journal of clinical investigation. 2005 May; 115(5):1298-305.
[40] Ravinet Trillou C, Arnone M, Delgorge C, Gonalons N, Keane P, Maffrand JP, et al. Anti-obesity effect of SR141716, a CB1 receptor antagonist, in diet-induced obese mice. American journal of physiology. 2003 Feb; 284(2):R345-53.
[41] Cota D, Marsicano G, Tschop M, Grubler Y, Flachskamm C, Schubert M, et al. The endogenous cannabinoid system affects energy balance via central orexigenic drive and peripheral lipogenesis. The Journal of clinical investigation. 2003 Aug; 112(3):423-31.
[42] Engeli S, Bohnke J, Feldpausch M, Gorzelniak K, Janke J, Batkai S, et al. Activation of the peripheral endocannabinoid system in human obesity. Diabetes. 2005 Oct; 54(10):2838-43.
[43] Matias I, Gonthier MP, Orlando P, Martiadis V, De Petrocellis L, Cervino C, et al. Regulation, function, and dysregulation of endocannabinoids in models of adipose and beta-pancreatic cells and in obesity and hyperglycemia. The Journal of clinical endocrinology and metabolism. 2006 Aug; 91(8):3171-80.
[44] Sipe JC, Waalen J, Gerber A, Beutler E. Overweight and obesity associated with a missense polymorphism in fatty acid amide hydrolase (FAAH). International journal of obesity (2005). 2005 Jul; 29(7):755-9.
[45] Altmann SW, Davis HR, Jr., Zhu LJ, Yao X, Hoos LM, Tetzloff G, et al. Niemann-Pick C1 Like 1 protein is critical for intestinal cholesterol absorption. Science (New York, NY. 2004 Feb 20; 303(5661):1201-4.

[46] Davis HR, Jr., Hoos LM, Tetzloff G, Maguire M, Zhu LJ, Graziano MP, et al. Deficiency of Niemann-Pick C1 Like 1 prevents atherosclerosis in ApoE-/- mice. Arteriosclerosis, thrombosis, and vascular biology. 2007 Apr; 27(4):841-9.
[47] Ballantyne CM, Houri J, Notarbartolo A, Melani L, Lipka LJ, Suresh R, et al. Effect of ezetimibe coadministered with atorvastatin in 628 patients with primary hypercholesterolemia: a prospective, randomized, double-blind trial. Circulation. 2003 May 20; 107(19):2409-15.
[48] Davidson MH, McGarry T, Bettis R, Melani L, Lipka LJ, LeBeaut AP, et al. Ezetimibe coadministered with simvastatin in patients with primary hypercholesterolemia. Journal of the American College of Cardiology. 2002 Dec 18; 40(12):2125-34.
[49] Armitage J. The safety of statins in clinical practice. Lancet. 2007 Nov 24; 370(9601):1781-90.
[50] Rader DJ, Cohen J, Hobbs HH. Monogenic hypercholesterolemia: new insights in pathogenesis and treatment. The Journal of clinical investigation. 2003 Jun; 111(12):1795-803.
[51] Wiegman A, de Groot E, Hutten BA, Rodenburg J, Gort J, Bakker HD, et al. Arterial intima-media thickness in children heterozygous for familial hypercholesterolaemia. Lancet. 2004 Jan 31; 363(9406):369-70.
[52] Shah SJ, Waters DD, Barter P, Kastelein JJ, Shepherd J, Wenger NK, et al. Intensive lipid-lowering with atorvastatin for secondary prevention in patients after coronary artery bypass surgery. Journal of the American College of Cardiology. 2008 May 20; 51(20):1938-43.
[53] Ky B, Burke A, Tsimikas S, Wolfe ML, Tadesse MG, Szapary PO, et al. The influence of pravastatin and atorvastatin on markers of oxidative stress in hypercholesterolemic humans. Journal of the American College of Cardiology. 2008 Apr 29; 51(17):1653-62.
[54] Mohler ER, 3rd, Ballantyne CM, Davidson MH, Hanefeld M, Ruilope LM, Johnson JL, et al. The effect of darapladib on plasma lipoprotein-associated phospholipase A2 activity and cardiovascular biomarkers in patients with stable coronary heart disease or coronary heart disease risk equivalent: the results of a multicenter, randomized, double-blind, placebo-controlled study. Journal of the American College of Cardiology. 2008 Apr 29; 51(17):1632-41.
[55] Guyton JR, Brown BG, Fazio S, Polis A, Tomassini JE, Tershakovec AM. Lipid-altering efficacy and safety of ezetimibe/simvastatin coadministered with extended-release niacin in patients with type IIa or type IIb hyperlipidemia. Journal of the American College of Cardiology. 2008 Apr 22; 51(16):1564-72.
[56] Naoumova RP, Kindler H, Leccisotti L, Mongillo M, Khan MT, Neuwirth C, et al. Pioglitazone improves myocardial blood flow and glucose utilizations in nondiabetic patients with combined hyperlipidemia: a randomized, double-blind, placebo-controlled study. Journal of the American College of Cardiology. 2007 Nov 20; 50(21):2051-8.
[57] Van Gaal LF, Scheen AJ, Rissanen AM, Rossner S, Hanotin C, Ziegler O. Long-term effect of CB1 blockade with rimonabant on cardiometabolic risk factors: two year results from the RIO-Europe Study. European heart journal. 2008 Jul; 29(14):1761-71.
[58] Kastelein JJ, Akdim F, Stroes ES, Zwinderman AH, Bots ML, Stalenhoef AF, et al. Simvastatin with or without ezetimibe in familial hypercholesterolemia. The New England journal of medicine. 2008 Apr 3; 358(14):1431-43.
[59] Golomb BA, Dimsdale JE, White HL, Ritchie JB, Criqui MH. Reduction in blood pressure with statins: results from the UCSD Statin Study, a randomized trial. Archives of internal medicine. 2008 Apr 14; 168(7):721-7.
[60] Shepherd J, Kastelein JJ, Bittner V, Deedwania P, Breazna A, Dobson S, et al. Intensive lipid lowering with atorvastatin in patients with coronary heart disease and chronic kidney disease: the TNT (Treating to New Targets) study. Journal of the American College of Cardiology. 2008 Apr 15; 51(15):1448-54.
[61] Tay J, Brinkworth GD, Noakes M, Keogh J, Clifton PM. Metabolic effects of weight loss on a very-low-carbohydrate diet compared with an isocaloric high-carbohydrate diet in abdominally obese subjects. Journal of the American College of Cardiology. 2008 Jan 1; 51(1):59-67.
[62] Howard BV, Roman MJ, Devereux RB, Fleg JL, Galloway JM, Henderson JA, et al. Effect of lower targets for blood pressure and LDL cholesterol on atherosclerosis in diabetes: the SANDS randomized trial. Jama. 2008 Apr 9; 299(14):1678-89.
[63] Glasziou PP, Irwig L, Heritier S, Simes RJ, Tonkin A. Monitoring cholesterol levels: measurement error or true change? Annals of internal medicine. 2008 May 6; 148(9):656-61.
[64] van Wyk JT, van Wijk MA, Sturkenboom MC, Mosseveld M, Moorman PW, van der Lei J. Electronic alerts versus on-demand decision support to improve dyslipidemia treatment: a cluster randomized controlled trial. Circulation. 2008 Jan 22; 117(3):371-8.
[65] Grover SA, Lowensteyn I, Joseph L, Kaouache M, Marchand S, Coupal L, et al. Patient knowledge of coronary risk profile improves the effectiveness of dyslipidemia therapy: the CHECK-UP study: a randomized controlled trial. Archives of internal medicine. 2007 Nov 26; 167(21):2296-303.
[66] Wee CC, Girotra S, Weinstein AR, Mittleman MA, Mukamal KJ. The relationship between obesity and atherosclerotic progression and prognosis among patients with coronary artery bypass grafts the effect of aggressive statin therapy. Journal of the American College of Cardiology. 2008 Aug 19; 52(8):620-5.
[67] Pitt B, Loscalzo J, Ycas J, Raichlen JS. Lipid levels after acute coronary syndromes. Journal of the American College of Cardiology. 2008 Apr 15; 51(15):1440-5.